Hainansheng
Nongmingong
Quanyi Weihu Shouce

海南省农民工权益维护手册

海南省总工会◎编

中国工人出版社

图书在版编目（CIP）数据

海南省农民工权益维护手册 / 海南省总工会编 . —北京：
中国工人出版社，2018. 4
ISBN 978-7-5008-6968-9 Ⅰ. ①海… Ⅱ. ①海…
Ⅲ. ①民工—权益保护—中国—手册 Ⅳ. ①D923. 8-62
中国版本图书馆 CIP 数据核字（2018）第 075357 号

海南省农民工权益维护手册

出 版 人 芮宗金
责任编辑 赵晨羽
责任校对 孙逎伟
责任印制 栾征宇
出版发行 中国工人出版社
地　　址 北京市东城区鼓楼外大街 45 号　邮编：100120
网　　址 http://www. wp-china. com
电　　话 （010）62005043（总编室）
（010）62005039（出版物流部）
（010）82075935（工会与劳动关系分社）
发行热线 （010）62004002
（010）82081553（传真）
经　　销 各地书店
印　　刷 北京美图印务有限公司
开　　本 787 毫米×1092 毫米　1/32
印　　张 6. 5
字　　数 130 千字
版　　次 2018 年 6 月第 1 版　2018 年 6 月第 1 次印刷
定　　价 25. 00 元

海南省农民工权益维护手册
编委会

前言

农民工作为工人阶级的新生力量，已经成为产业工人的重要组成部分，为推动海南省经济建设、社会发展，构建美好新海南发挥了重要作用。根据《国务院关于进一步做好为农民工服务工作意见》（国发〔2014〕40号）、《海南省人民政府关于进一步做好农民工服务工作的实施意见》（琼府〔2015〕41号）和《中华全国总工会关于贯彻落实〈国务院关于进一步做好为农民工服务工作的意见〉的实施意见》（总发工〔2015〕14号），海南省各级工会围绕中心、服务大局，认真贯彻落实党中央、国务院、省委省政府和中华全国总工会的相关文件精神，把农民工组织到工会组织中来，加强社会主义核心价值观建设，切实维护农民工的合法权益，为农民工办实事、解难题，调动和保护好农民工的积极性和创造性，引领农民工听党话、跟党走。近年来，海南省总工会及时成立了农民工工作办公室，制定和出台了服务农民工的具体措施，各级工会深入广泛开展农民工集中入会、素质提升、权益保护、帮扶服务和评选最美农民工等活动，农民工管理和服务工作取得了显著成绩，充分发挥了工会干部作为农民工娘家人的积极作用。

为进一步增强农民工的归属感和获得感，为在琼务工的农民工提供更多有益的帮助和服务，海南省总工会基层工作部在调研的基础上，按照基层工会和农民工的实际需求，编印了《海南省农民工权益维护手册》，本书采用问答形式，对农民工政策、劳动合同、劳动标准、劳动保护、职业教育、社会保险、劳动争议、法律援助中的重要问题进行了综合阐释，条分缕析，娓娓道来。既突出农民工的特点，又突出其实用性，有很强的针对性与操作性，紧贴当前社会现实，是集新颖性、实用性、全面性于一体的法律手册。农民工不仅可以从中掌握很多的法律法规知识，而且还能学会解决各种纠纷的方法，从而在面对各种性质的利益争执及侵权行为时，能勇敢地拿起法律的武器捍卫自己的合法权益。这是一本农民工必备工具书，是农民工兄弟的良师益友，具有强烈的时代感和参考价值。有了这本书，农民工就可以更好地维护自己的合法权益。

在编写本书的过程中，我们参考了大量资料，给本书增加了分量。作为编者，在此对本书的支持者深表谢意。

编　者

2018 年 3 月

CONENTS

目　录

第四章　参加社保有保障　工伤保险解忧愁

第五章　劳动安全受保护　女工童工享特殊

附　录

我们共同享有的权利

“告别了年迈的爹娘，拥别了读书的儿郎。背起简单的行囊，走出熟悉的村庄。”这几乎是我们每一位农民工的生活写照。

随着经济的快速发展和城乡收入差距的加大，我们离开了祖祖辈辈生活的地方涌入陌生的城市打工，或进入工厂企业，或分散于城乡之间，在不同的岗位为国家和社会做出了贡献。我们与其他城镇职工一样在城市里生活，虽然身份不同但有着共同的权利。

(1) 平等就业和选择职业的权利：我们在就业时，不会因民族、种族、性别、宗教信仰不同而受到歧视，选择职业时，有权选择适合自己的才能和爱好的职业。

(2) 取得劳动报酬的权利：我们按照用人单位的要求付出了劳动，就应获得相应的报酬。

(3) 休息休假的权利：我们在法律规定的休息时间里不必从事生产和工作，可自由支配自己的时间。

(4) 获得劳动安全卫生保护的权利：国家制定相关的法律、法规，保障我们的安全卫生权利得以实现。

(5) 接受职业技能培训的权利：职业技能培训是指国家和用人单位对准备就业的劳动者，采用以培养和提高其职业技能为目的的技术业务知识、实际操作技能的教育与训练措施，这是我们能够顺利就业的基本条件。

(6) 享受社会保险和福利的权利：不论是城镇职工还是我们农民工，在享受养老、医疗、工伤、失业和生育保险方面的权利应当是同等的。

(7) 提请劳动争议处理的权利：在劳动关系中，我们始终处于劣势，发生争议后，劳动权利的维护较为艰难，甚至会因此失去工作。国家制定法律明确规定了我们的诉权，以保护我们在劳动争议中所处的不利地位，实现合法权益。

(8) 我们有依法参加工会组织的权利。

(9) 法律规定的其他劳动权利。如：妇女享有与男子平等的就业权利等。

第一章

加入工会好处多
会员权益有保障

01 工会组织的性质是什么？

《中华人民共和国工会法》（以下简称《工会法》）规定："工会是职工自愿结合的工人阶级的群众组织。"这是关于我国工会性质的规定。它表明：第一，工会是群众组织，而不是政党组织；第二，工会不是一般的群众组织，而是工人阶级的具有阶级性的群众组织，被依法剥夺了政治权利的人是不能参加和组织工会的；第三，工会是职工自愿结合的群众组织。职工加入不加入工会，参加不参加工会活动，以及退出工会都是自愿的、自由的。

《中国工会章程》对工会的性质也做了进一步明确："中国工会是中国共产党领导的职工自愿结合的工人阶级群众组织，是党联系职工群众的

桥梁和纽带，是国家政权的重要支柱，是会员和职工利益的代表者。”

因此，服务职工群众是工会的出发点，工会以职工最关心、最直接、最现实的利益为重点，为职工办实事、做好事、解难事，履行了帮扶困难职工“第一知情人”“第一报告人”“第一协调人”“第一监督人”的职责。

02 农民工是指哪些人，农民工和农民有何区别？

农民工是指户籍在农村、以工资收入为主要生活来源的劳动者。农民工是我国特有的城乡二元体制的产物，是我国特殊历史时期出现的一个特殊的社会群体。农民工有广义和狭义之分，广义的农民工包括两种人：一是在本地乡镇企业就业的离土不离乡的农村劳动力；二是外出进入城镇从事第二、第三产业的离土又离乡的农村劳动力。狭义的农民工主要是指后一部分人。

农民工与农民的区别主要体现在三个方面。

（1）从工作场所上看，农民工的工作场所主要集中于城市、城镇的第二产业与第三产业，也有极少数农民工在农村的家庭作坊中从事生产，但这个比例极低，而且他们的生产是一种商品生产，与农民在农村进行自给自足的生产在本质上存在着区别。

（2）从职业上看，农民工所从事的工作，无论是建筑、家政、商业贸易、运输业，还是自己开公司办企业，都属于工人的性质，而与农民在土地上从事农业劳动已经没有相似之处。

（3）从收入的形式来看，农民的收入以土地产出和家庭养殖以及手工艺为最重要的来源，其中最主要的还是农产品和养殖的实物收入，虽然这些产品也可以转化为货币收入。但是，从最初的收入来看，农民的收入以实物为主，通过从事产业劳动而获得货币报酬。农民工因为个人没有生产资料，所以无论他们从事何种工作，他们的收入也是以工资性收入为主的，即使从事农业生产的工人，他们获得的收入也不是实物，而是货币。

03 农民工可以加入工会吗？加入工会需要具备哪些条件？

农民工有权依法加入工会。用人单位工会应当依法吸收农民工入会，任何组织和个人不得限制或者变相限制农民工自愿加入工会。

加入工会需要具备以下三个条件：（1）以工资收入为主要生活来源或者与用人单位建立劳动关系是职工加入工会的必要条件；（2）承认《中国工会章程》是职工加入工会的前提条件；（3）自愿申请加入工会。职工自愿申请加入工会，既是对工会的认识问题，又是对工会的态度问题，先由个人提出申请，工会小组讨论通过，再报基层工会委员会批准，绝不强迫命令。

04 加入工会的一般程序是什么？

《中国工会章程》第二条规定："职工加入工会，须由本人自愿申请，经工会小组讨论通过，基层委员会批准并发给会员证。"这一规定明确了职工入会的程序。

（1）本人自愿申请。由要求入会的职工向所在单位工会提出书面或口头申请，并上报至基层工会委员会。

（2）工会小组讨论、通过。工会小组讨论的内容主要是：

是否符合入会条件；是否个人自愿；是否符合入会手续三个重点。

（3）基层工会委员会研究批准。工会小组讨论通过后，会及时向申请人发放《中华人民共和国工会会员登记表》，由申请人填写相关信息后，工会小组签署“同意入会”意见，提交基层工会委员会批准。

05 工会可以为农民工提供哪些服务？

工会应在劳动合同签订、工资拖欠、职业安全和劳动保护、工作保险、职业技能培训和就业援助、精神文化生活改善、民主政治权利、法律援助以及春节返乡等方面为农民工提供服务。

工会的职业介绍机构、职业培训机构和困难职工帮扶中心为农民工提供就业咨询、职业介绍、职业指导、基础性培训、技能培训、创业培训、法律援助等服务。有条件的地方工会还可以提供小额信贷等服务。

工会还对困难农民工提供生活帮扶、子女助学以及免费的就业咨询、职业介绍、职业培训和法律援助等服务；对符合劳动部门补贴条件的，帮助他们申请和落实补贴。

06 农民工可以在哪里入会？

在发展农民工入会的过程中，为了方便农民工入会，简化农民工入会手续，可以采取集体登记入会、街道和社区直接吸收农民工入会等方式，有效地推动农民工最大限度地加入工会。各市县（区）总工会统筹协调本地各类重点群体入会工作。2015 年 4 月，《中华全国总工会办公厅印发〈关于开展“农民工入会集中行动”实施方案〉的通知》，把省级以上开发区（工业园区），建筑项目、物流（快递）业、家庭服务业、农业专业合作组织等作为农民工入会重点，引导各地工会聚焦重点，有针对性开展工作。在组织农民工入会工作中，要注重发挥地方工会和产业工会两方面积极性，强化目标牵引，加强分工协作，形成全会一盘棋推进工作的良好态势。要立足职工与互联网结合日益紧密的趋势，充分运用信息化手段畅通入会渠道，努力将各类重点群体纳入会员实名制管理体系，积极与新兴互联网信息平台企业合作，实现发展会员“精准定位”、服务职工“按需施策”，自下而上打造“工惠驿家”等服务品牌，以有效服务促进有效入会。

具有来说，农民工可以通过以下渠道加入工会：（1）在务工企业工会入会；（2）在村社区工会入会；（3）在乡镇街道工会入会；（4）在行业工会入会；（5）在工业园区工会入会；（6）在施工项目工会入会。

07 加入工会需要缴纳多少会费？

工会会员缴纳会员会费是会员应尽的义务，同时也是会员在工会组织内部享受权利的物质基础。会员缴纳工会会费，体现了会员的组织观念，密切了会员与工会组织的联系，同时也有利于增强职工之间的互助互济和团结友爱。

根据《中华全国总工会关于收交工会会费的通知》规定，工会会员应依据月工资收入的 0.5% 按月向基层工会缴纳会

费，工资尾数不足10元的，不计缴会费。会员缴纳的会费，全部留在基层，用于工会开展活动，无须上交。

08 劳务派遣工怎样加入工会?

劳务派遣是指劳务派遣单位（即用人单位）与被派遣劳动者（即劳务派遣工）签订劳动合同、与用工单位签订劳务派遣协议，被派遣劳动者在用工单位调配和管理下提供劳动，劳务派遣单位从用工单位获取派遣费，并向被派遣劳动者支付劳动报酬的一种用工方式。而劳务派遣工就是指被派遣的劳动者。

《中华全国总工会关于组织劳务派遣工加入工会的规定》中指出，劳务中介公司已建立工会组织的，应由中介公司的工会组织及时吸收劳务派遣工加入工会；劳务公司尚未建立工会组织的，可由用人单位的工会依据事实劳动关系，吸收劳务派遣工加入工会组织。

09 劳务派遣工怎样缴纳工会会费?

劳务派遣工的工会经费应由用工单位按劳务派遣工工资总额的2%提取并拨付劳务派遣单位工会，属于应上缴上级工会的经费，由劳务派遣单位工会按规定比例上缴。

用工单位工会接受委托管理劳务派遣工会员的，工会经费留用部分由用工单位工会使用或由劳务派遣单位工会和用工单位工会协商确定。

10 农民工回家务农期间还是工会会员吗?

农民工回家务农期间，因不再以工资收入为主要生活来源，但又可能再进城镇务工，因此，无论是在家乡入会，还是在务工地入会，都应当保留会籍。保留会籍期间不再享受正常会员享受的权利。

农民工会员务工的企业、事业单位和建筑工程项目等单位，应当建立农民工会员名册，做好会员的转入登记等会籍管理工作。农民工会员在务工单位之间流动时，其会员组织关系应随之转移。

11 成为工会会员后享有哪些权利？

加入工会，成为工会会员，就可以依法行使会员的权利和享有的利益。根据《中国工会章程》的相关规定，会员享有以下权利。

（1）选举权、被选举权和表决权。

（2）对工会工作进行监督，提出意见和建议，要求撤换或者罢免不称职的工会工作人员。

（3）对国家和社会生活问题及本单位工作提出批评与建议，要求工会组织向有关方面如实反映。

（4）在合法权益受到侵犯时，要求工会给予保护。

（5）工会提供的文化、教育、体育、旅游、疗休养事业、生活救助、法律服务、就业服务等优惠待遇；工会给予的各种奖励。

（6）在工会会议和工会媒体上，参加关于工会工作和职工关心问题的讨论。

12 工会会员有哪些义务？

（1）学习政治、经济、文化、法律、科学、技术和工会基本知识。

（2）积极参加民主管理，努力完成工作任务。

（3）遵守宪法和法律，践行社会主义核心价值观，维护社会公德和职业道德，遵守劳动纪律。

（4）正确处理国家、集体、个人三者利益关系，向危害国家、社会利益的行为做斗争。

（5）维护中国工人阶级和工会组织的团结统一，发扬阶级友爱，搞好互助互济。

（6）遵守工会章程，执行工会决议，参加工会活动，按月缴纳会费。

13 工会为农民工服务的重点是什么？

（1）积极扩大工会工作覆盖面，将农民工最大限度地纳入工会，做好农民工入会服务工作。

（2）努力推动各级政府实现基本公共服务均等化，帮助农民工落实在城镇安家落户、提高医疗保险待遇、同工同酬及子女入学等实际问题。

（3）做好新生代农民工的思想政治工作，维护农民工合法权益。

（4）利用工会培训教育资源，开展多种形式的农民工技能培训。

（5）努力丰富农民工的文化生活，满足其精神需求。

（6）加大对农民工的帮扶力度。

14 工会能为农民工提供哪些普惠化服务？

工会将从两方面加大对农民工工作力度，即扩大工会对农民工的有效覆盖面和为农民工提供优质服务。特别是各级工会将结合实际开展面向农民工普惠化服务，推广工会会员服务卡，打造“互联网+”服务模式。

在为农民工服务方面，工会将重点关注农民工的劳动就业、工资报酬、社会保障、安全生产、困难帮扶，并推广普惠化服务。

（1）在劳动就业上，注重指导帮助农民工签订劳动合同，开展就业援助、技能培训、创业扶持、小额贷款，培育扶持农民工就业创业示范基地和创业典型，并成规模、高效率地开展农民工培训。

（2）在工资报酬上，围绕工时工价、劳动定额等开展集体协商；以建筑施工、公路和水利建设、加工制造、餐饮服务及劳动密集型企业、劳务派遣企业为重点，推动建立欠薪报告制度。

（3）在社会保障上，引导农民工增强社保意识，督促企业按时足额缴纳社会保险，提高农民工参保率，并推动解决社保缴费、转移、接续等问题。

（4）在安全生产上，组织更多农民工参与群众性劳动安全卫生监督检查，扩大“安康杯”竞赛覆盖面。重点关注建筑业、采矿业等高危行业安全防护工作，在工伤认定、劳动能力鉴定、工作保险待遇落实等方面有效帮助农民工。

（5）在困难帮扶上，深入开展“送温暖”“送清凉”“金秋助学”“农民工平安返乡”等活动。帮助农民工解决生产生活中遇到的实际困难。

15 农民工符合什么条件可以申请工会帮扶？

申请工会帮扶的农民工首先要加入工会，且按照务工地标准具备下列条件之一者，即可申请工会帮扶。

（1）连续6个月以上家庭实际人均收入低于当地最低生活保障标准，未经政府救助，生活特别困难的职工家庭。

（2）家庭人均收入低于当地最低生活保障标准，经政府救助后仍生活困难的职工家庭。

（3）家庭人均收入略高于当地最低生活保障标准（可根据实际情况参照当地人民政府规定的低收入标准），但由于患病、子女上学、残疾、单亲及其他特殊原因造成生活困难的职工家庭；家庭人均收入在当地最低生活保障标准3倍（含）以内，但由于遭受突发事件、意外伤害、重大疾病及其他原因导致生活困难的职工家庭。

16 哪些情况不能申请工会救助？

具有下列情形之一的职工家庭，视为不符合建立海南省工会省级困难职工申报建档条件。

（1）拥有2套（含）以上商品住宅或自建房150平方米（普通装修）以上住宅的（但人均住房建筑面积达不到当地最低住房标准的除外）。

（2）拥有日常居住的农村自有住宅，同时拥有1套（含）以上非常住或用于出租的商品住房的。

（3）拥有商业店铺或雇用他人从事生产经营活动的。

（4）子女进入高收费私立学校（未列入国家教育招生体系）或自费出国留学的。

（5）职工本人及家庭成员名下登记拥有机动车辆、船舶、工程机械以及大型农机具的（摩托车除外）。

（6）本人或家庭成员拥有正常劳动能力，在失业后一年内无故拒绝工会和其他部门安排的技能培训或3次（含）以上就业推荐的。

具有下列情形之一的职工家庭，视为不符合建立全国级困难职工申报建档条件：

（1）拥有2套（含）以上商品住宅或自建房150平方米以上住宅的；

（2）拥有商业店铺或雇佣他人从事生产经营活动的；

（3）子女进入高收费私立学校（未列入国家教育招生体系）或自费出国留学的；

（4）职工本人及家庭成员名下登记拥有机动车辆（摩托车除外）、船舶、工程机械以及大型农机具的；

（5）本人或家庭成员拥有正常劳动能力，在失业后一年内无故拒绝工会和其他部门安排的技能培训或3次（含）以上就业推荐的。

17 什么是“送温暖工程”，工会是怎样开展送温暖的?

1992 年元旦春节期间，在党中央、国务院的支持下，全国总工会送温暖慰问团赴全国 18 个省、自治区、直辖市慰问困难企业和职工，正式在全国范围内拉开了“进万家门、知万家情、解万家难、暖万家心”的工会送温暖活动的帷幕。

目前，工会“送温暖工程”已成为工会工作的闪亮品牌，实现了形式上从元旦春节的走访慰问拓展到春送岗位、夏送清凉、秋送助学、冬送温暖等方面；内容上从生活救助拓展到信访接待、就业帮扶、政策咨询、法律援助、子女上学救助、职工医疗保障互助、进城务工人员权益维护、职工维权 12351 热线电话等多领域；时间上从节日型拓展到经常型；实施主体上从工会唱“独角戏”拓展到社会方方面面的“大合唱”；性质上从输血型、救济型拓展到造血型、自救型。

送温暖活动期间，各级工会深入企业和职工家庭慰问困难劳模和职工，帮助解决生产生活困难。主要服务工作包括以下三点。

（1）通过调查了解，推动落实党和政府各项民生政策，努力实现国家法规制度政策对职工的全覆盖，发挥国家制度保障的应有效应。

（2）全面掌握困难职工的情况和需求，切实解决他们的实际问题。对符合政府救助条件的困难职工，推动纳入政府相关救助体系；对低收入困难职工家庭，适当提高生活救助标准；对因病、子女上学造成困难的职工家庭，积极提供医疗和助学救助；对尚未实现就业的困难职工家庭高校毕业生，帮助他们早日找到工作。

（3）认真帮助重点人群和重点地区解决困难。元旦、春节期间，积极参与农民工工资支付情况专项检查，加强举报投诉接待力量和法律援助服务工作，依法依程序处理工资拖欠问题。将送温暖走访慰问和欠薪排查结合起来，到农民工集中的行业和区域，及时发现欠薪隐患，做到早报告、早介入、早解决，并把因工资被拖欠出现临时困难的农民工纳入工会帮扶范围。同时，各级工会积极配合有关部门有效开展农民工平安返乡行动。

18 什么是“金秋助学”活动，其服务内容有哪些？

金秋助学活动是指工会系统以帮助困难职工解决子女上学困难为内容的帮扶活动，是工会为困难职工办实事、做好事、解难事的送温暖活动重要载体。一直以来助学活动都是工会送温暖活动中的一项重要内容，是构筑工会帮扶工作长效机制的主要组成部分。

早在 20 世纪 90 年代末，河南、安徽、陕西等一些地方工会为了解决困难职工子女上学难的问题，每年开展助学活动，帮助困难职工家庭缓解压力。2005 年，全国总工会在各地工会开展助学活动的基础上，统一名称和时间，在全国范围内开展金秋助学活动，解决困难职工家庭子女上学难问题。

主要服务内容包括：一是协助政府有关部门推进和督促各项国家助学政策措施的落实，使符合条件的困难职工上学子女都能享受到国家助学政策的覆盖；二是调查研究各地助学政策执行情况，推动党委和政府出台更多的优惠政策和措施；三是与政府相关部门分工协作，发挥工会帮扶的拾遗补阙作用；四是广泛动员社会各界捐资助学、奉献爱心，通过单位或个人与贫困学生结对帮扶、对口资助、劳模爱心帮扶等多种形式为困难职工和农民工家庭在学子女提供多元化服务。

19 “金秋助学”活动的对象有哪些？

金秋助学活动的对象是国家助学体系暂时没有覆盖，或者已经覆盖但需要进一步帮扶的困难职工（含困难农民工）家庭上学子女，特别是就读于高等教育和中等职业教育阶段的困难职工家庭子女。具体对象包括：

（1）家庭人均收入略高于当地最低生活保障线的低保边缘职工家庭的上学子女；

（2）低保职工家庭中经过政府救助生活仍然困难的上学子女；

（3）遭受重大灾害的困难职工家庭上学子女；

（4）在城市上学的困难农民工家庭子女。

20 什么是“农民工平安返乡”活动，其包括哪些工作内容？

农民工平安返乡是工会“两节”送温暖的一项重要工作。按照全国总工会要求，各地工会结合当地实际情况，积极协调有关部门，帮助农民工顺利返乡过年，服务措施丰富多样。农民工是一个非常特殊的群体，对农民工关心、帮助是工会责无旁贷的一项工作。

2004 年以来，工会一直把对农民工的帮助、服务作为工会维权服务的一个重要方面实施。从 2007 年开始，针对农民工春运返乡难问题，全国总工会联合原铁道部和原交通部开展实施农民工平安返乡行动。每年元旦、春节期间，通过协助有关部门安排农民工专列、包专车，为农民工购买团体票等形式，为农民工节日返乡和节后返城提供帮助，使广大农民工能够平安返乡回城。农民工可以直接通过所在单位工会或当地工会帮扶中心申请救助，也可以通过拨打 12351 热线寻求帮助，寻求帮助时应提供身份证、所在单位证明等材料。

2017 年，全国总工会党组书记、副主席、书记处第一书记李玉赋还专门到广西慰问返乡的农民工，给这些农民工送去了党的关怀、工会的服务，而且勉励各级工会要加强这方面的工作，特别要整合好一些爱心企业、志愿者、公益组织各方面的资源，让全社会都来关心关爱农民工。

21 我省为什么要实施农民工“求学圆梦行动”？

为深入贯彻党的十八大和十八届三中、四中、五中全会精神，落实《国家中长期教育改革和发展规划纲要（2010—2020年）》《国务院关于加快发展现代职业教育的决定》《国务院关于进一步做好为农民工服务工作的意见》（国发〔2014〕40号）、《教育部、中华全国总工会〈农民工学历与能力提升行动计划——“求学圆梦行动”实施方案〉》（教职成函〔2016〕2号）、《海南省人民政府关于进一步做好为农民工服务工作的实施意见》（琼府〔2015〕41号）等文件要求，提升农民工学历层次和技术技能水平，有效服务经济社会发展和产业结构转型升级以及海南国际旅游岛建设等重大发展战略，省总工会与省教育厅联合实施海南省农民工学历与能力提升行动计划，并印发了《关于〈海南省农民工学历与能力提升行动方案——“求学圆梦行动”实施方案（2016—2020年）〉的通知》（琼教职成〔2016〕51号），通过优惠政策、学费资助、学分累计等方式，组织农民工接受继续教育，计划自2016年到2020年，每年帮助2000名，五年内帮助10000名农民工提升学历和技术技能水平。

22 我省农民工“求学圆梦行动”的原则是什么？

（1）属地注册：由农民工会员会籍所在地的各级工会按

照年度安排落实招生计划，做好参加学习的农民工学员资格审查、注册登记和建立农民工学员档案。

（2）择近就读：农民工学员在读期间，可以在全省范围内选择距工作所在地最近的与工会合作办学的学校（学院）以及市县、产业、基层等工会组织的培训中心进行面授助学，并选择最近的考试点进行考试。

（3）灵活学习：采取网上学习与面授相结合的形式，可利用网上资源进行自主学习，也可以在与工会合作办学的学校（学院）参加面授教学学习。

（4）双证毕业：农民工学员参加学历教育通过考试，获取毕业证书的同时，根据需要选择参加职业技术技能培训，获取职业技能证书。

（5）动态管理：海南省总工会、省教育厅与承担办学的学校（学院）共同建立农民工“求学圆梦行动”信息化服务平台，为学员建立学习档案，记载学员的各类学习成果和工作经历，并与“学分银行”对接，实现各类学习成果的转换和互认。

23 我省农民工会员如何参加“求学圆梦行动”？

海南省农民工“求学圆梦行动”主要是帮助有意愿参加学历与技能提升的农民工会员提升学历与技能水平，内容包括农民工大专、本科学历教育和技能培训。

（1）大专招生对象：初中及初中以上学历、在海南省各级工会登记入会的农民工会员可报名参加大学专科学习，入学前进行学习水平测试，择优录取。

（2）本科招生对象：高中及高中以上学历、在海南省各级工会登记入会的农民工会员可报名参加大学本科学习，入学前进行学习水平测试，择优录取。

（3）对于参加海南省“农民工求学圆梦行动”取得大专和本科学历的农民工，可选择参加相应的技术技能培训，取得资格证书。

（4）报名方式与时间：符合入学条件的农民工，凭身份证复印件（正反两面）、农村户籍证明复印件（本人所在的那一页）、一寸彩色照片到农民工会员会籍所在地基层工会报名。具体报名时间以当年度招生简章为准。

24 我省农民工“求学圆梦行动”费用是如何分担的?

海南省农民工“求学圆梦行动”建立政府、工会、用人单位和农民工学员共同分担、多渠道筹措经费的机制。即农民工学员参加“求学圆梦行动”的学费、技能培训费、考试费、鉴定费、教材费、交通费等由政府、工会、用人单位、农民工学员分别承担，具体承担办法按照每年度海南省总工会、海南省教育厅和联合办学单位联合制订的方案执行。

25 “送清凉”活动的内容有哪些?

（1）督促用人单位落实防暑降温责任。深入贯彻落实《中华人民共和国职业病防治法》(以下简称《职业病防治法》)《防暑降温措施管理办法》等法律法规和政策标准，督促用人单位强化防暑降温责任意识，建立健全防暑降温工作制度，落实各项防暑降温措施。改善劳动条件和作业环境，配备必要的通风和降温设备。严格遵守高温作业时间要求，适当调整夏季高温作业劳动和休息制度。为职工提供必要的个体防护用品和防暑降温所需的清凉饮料及药品，落实高温津贴及中暑职工工伤保险等待遇。加强对女职工和未成年工高温作业的劳动保护，对于孕期、哺乳期以及患有高温禁忌症的职工要及时调整作业岗位。

（2）加大对用人单位防暑降温工作的监督检查。充分发挥群众性劳动保护监督检查网络作用，围绕用人单位防暑降温措施落实、高温津贴发放、防暑降温集体协商、高温健康体检等工作，重点对建筑工地、露天作业场所、存在高温作业岗位用人单位开展监督检查，对检查中发现的突出问题，要提出意见建议并督促用人单位改正，对拒不改正的，要提请政府有关部门依法处理。积极配合安监、卫生、人力资源社会保障等相关政府部门开展高温天气作业劳动保护专项检查，严肃查处违反国家有关规定和危害职工身体健康的行为。

（3）深入开展走访慰问活动。深入露天作业集中、农民工集中的用人单位和重点工地开展走访慰问，掌握高温天气作业职工生产生活状况，协调解决高温劳动保护工作中存在的问题，向一线职工发放防暑降温用品，提供暑期健康服务，为高温天气下作业职工送去工会组织的关心和帮助。

（4）大力开展高温天气劳动保护知识宣传普及。充分利用工会宣传阵地和电视、广播、网络等媒体，加强高温天气劳动保护法规政策的宣传教育，普及高温防护、中暑急救等卫生知识，帮助职工强化高温天气作业劳动保护意识，提高自我保护能力。针对高温天气作业特点，通过专题讲座、案例教育等形式，引导职工增强安全生产和遵章守纪的自觉性，预防各类事故的发生。

26 我省关于高温津贴是如何规定的?

海南省人力资源和社会保障厅、海南省财政厅、海南省安全生产监督管理局、海南省卫生厅、海南省总工会、海南省国家税务局、海南省地方税务局《关于用人单位实行高温津贴有关问题的通知》(琼人社发〔2013〕39号)规定:

(1)高温津贴适用范围:存在高温作业及在高温天气期间安排劳动者作业的企业、事业单位和个体经济组织等用人单位。

(2)高温津贴发放条件及标准:用人单位安排劳动者在35℃以上(含35℃)高温天气从事室外露天作业以及不能采取有效措施将工作场所温度降低到33℃以下(不含33℃)的,应当向劳动者按每人每天10元的标准发放高温津贴。

(3)发放时间:每年4月1日至10月31日。

(4)气温以省气象主管部门所属气象台站发布的为准。

(5)用人单位应当为高温作业、高温天气作业的劳动者供给足够的、符合卫生标准的防暑降温饮料及必需的药品。不得以发放钱物替代提供防暑降温饮料。防暑降温饮料不得充抵高温津贴。(6)高温津贴不包括在最低工资标准范围内。用人单位不得因提高高温津贴而扣减或降低劳动者工资。

(7)高温津贴计入用人单位工资总额,所需资金按现行工资发放渠道解决。企业发放的高温津贴,作为职工福利费支出，按照企业所得税法规定的扣除标准，在企业所得税税前扣除。对个人按照省政府规定取得的高温津贴免征个人所得税，超过标准发放的部分并入“工资、薪金所得”项目计征个人所得税。

（8）高温津贴标准根据经济发展水平、职工平均工资、消费物价指数等因素确定并可适时调整。

（9）用人单位违反国家劳动保障法律、行政法规有关工资津贴规定，侵害劳动者劳动保障权益的，由县级以上人力资源社会保障行政部门依法责令改正。

27 我省开展职工医疗互助活动的法律依据是什么？

2006 年 12 月 29 日海南省第三届人民代表大会常务委员会第二十七次会议通过的《海南省实施〈中华人民共和国工会法〉若干规定》第二十条规定：“工会应当协助政府和企业、事业单位做好下岗职工再就业和困难职工帮扶工作，办好职工集体福利事业，开展职工互助互济补充保险等活动。”2009 年 4 月 6 日公布的《中共中央国务院关于深化医疗卫生体制改革意见》中进一步明确：“鼓励工会等社会团体开展多种形式的医疗互助活动。”

28 开展职工医疗互助活动的目的是什么？

开展职工医疗互助活动，目的是发扬中国工人阶级团结互助的光荣传统，发挥工会组织在构建社会主义和谐社会中的积极作用。通过职工互助互济，使职工在患病住院时，除享受国家相关基本医疗保险待遇外，再通过医疗互助活动给予适当的补助，帮助患病住院职工减轻经济负担。

29 职工医疗互助活动与基本医疗保险是什么关系？

组织开展职工医疗互助活动，是对国家基本医疗保险保障制度的巩固、补充延伸，是“接力棒”关系。

30 职工医疗互助活动与商业保险有什么区别？

第一，职工医疗互助活动不以盈利为目的。其遵循的原则是互助互济、以收定支、收支平衡、持续发展。第二，职工医疗互助活动体现以人为本的原则，参加活动的职工不需要做体检，正在生病住院的职工同样可以参加活动。第三，对无缴费能力的困难职工，本单位工会可从工会经费中给予一定的帮助，单位工会也可申请行政给予一定补贴。第四，如果医疗互助活动出现资金结余，将滚入历年结余，进入下期互助金进行管理，保证活动长期开展下去。第五，各级工会每年将职工医疗互助活动工作经费纳入本级工会年度经费预算。省总工会还投入一定的风险准备金用于应对不可抗力的风险。

31 参加职工医疗互助活动的对象和条件是什么？

凡海南省行政辖区内机关、企事业单位、社会团体未办理退休手续，且参加城镇职工基本医疗保险、城镇居民医疗保险或新型农村医疗保险的在职职工，在本人参加工会组织，自愿按规定交纳互助金的前提下，均可由本人所在单位工会统一组织，以团体形式参加海南省工会职工医疗互助活动。职工医疗互助活动由各级工会负责组织职工统一参加，不单独接受职工个人加入。参加人数原则上不少于本单位职工总数的 40%，因特殊原因仍无法达到比例（40%）的单位，应书面说明情况并上报省工会职工医疗互助活动办公室，经同意后可参加活动。单位职工人数较少的，可以工会联合会或联合工会的形式并按照规定的比例参加互助活动。

32 单位工会如何组织职工参加医疗互助活动？

参加活动的基层工会按照统一格式整理参加人员基础档

案数据，申报时递交《团体申请表》和《参加人员花名册》（原件）及银行缴费回单（复印件）等相关材料到所属的医疗互助活动办事处备案。各办事处对参加基层工会提交的相关材料进行核对，并汇总和导入《省工会职工医疗互助金审批管理系统》后，将原始资料报送省工会职工医疗互助活动办公室复核确认参加人员身份。

基层工会办理备案手续时须提供以下资料：

（1）能准确反映本单位本季或上季从业人员人数报表复印件一份；

（2）指定账户互助金交费单据证明复印件一份；

（3）《海南省工会职工医疗互助活动团体申请表》和《海南省工会职工医疗互助活动参加人员花名册》电子文档及纸质文档（加盖所在基层工会章）一式两份。

33 职工医疗互助活动的期限是怎样规定的?

目前，海南省职工医疗互助活动已经进入第二期，期限为三年，互助有效期自 2017 年 3 月 1 日起至 2020 年 2 月 29 日止。

34 互助金缴费标准是多少?

参加职工医疗互助活动的职工必须按期缴纳互助金，第一期缴费标准为每人 150 元。互助金每期缴费一次，在职工参加互助活动时一次性收取，每人限交一份。

在不违反国家相关法律法规、工会经费使用办法的前提下，职工参加互助活动所需的费用，可由职工本人、职工所在单位或所在基层工会承担，也可由职工、单位、工会共同承担。

35 参加职工医疗互助活动的职工在一个互助期限内发生工作调动或退休，会不会影响互助补助金申请？

参加职工医疗互助活动的职工，在互助期内退休、退职，调往省外或调入未参加互助活动单位的，可按照医疗互助活动实施细则的规定向原单位申请互助金补助，直到该互助期结束。

36 职工如何办理补助金的申领手续？

会员申请补助金应提供以下资料：

(1)《海南省工会职工医疗互助补助金申请审批表》一份；

(2) 医院或医保部门出具的住院收费收据和医疗费用结算单等；

（3）医院出院小结；

（4）其他补充材料，如参加会员已经身故的，须提供死亡证明和指定受益人或法定受益人的证明材料等；

（5）参加活动的会员身份证复印件；

（6）办事处和办公室认为必要的其他证明资料。

所交资料原则上为原件，全部归档将不再返还，如有个人需要请在申请补助前做好备份。

37 职工申请补助的时限是如何规定的?

参加活动的会员在互助有效期内，在医保定点医院住院治疗出院后 6 个自然月内，凭医院或医保部门出具的住院收费收据、结算单、出院小结等相关材料，向所在基层工会申请办理补助金。逾期仍未提出申请，视作自动放弃。

38 职工申领互助补助时，补助金如何计算?

参加活动会员在医保定点医院治疗时，发生基本医疗保险统筹基金支付范围内的住院费用，经基本医疗保险报销后，对个人自付的医疗费用（主要指“医保统筹段自负”+“起付线”，不含“完全政策自负”和“部分政策自负”），超过 1000 元（含 1000 元）的，采取分段计算的办法给付医疗互助补助金（补助金四舍五入保留到元）。具体标准为：

（1）会员住院自付部分达到1000元（含1000元）以上至5000元（含5000元）的补助50%；达到5000元（不含5000元）以上至10000元（含10000元）的补助60%；达到10000元（不含10000元）以上的补助70%。互助有效期内累计补助金额不超过80000元。

（2）在互助有效期内死亡的会员，如没有申请过补助金的，一次性给予5000元慰问金；如申请过补助金且不足5000元的，补足5000元；如申请过补助金超过5000元的，不再给予慰问金。

39 在一个互助期限内发生多次住院时，是否可以多次申请？

参加活动会员在一个互助有效期内多次住院的，补助金的申请最多三次。申请补助金按每次出院分别办理，不累计重复计算。但符合合并申请条件的以下两种情况除外：一是发生经医保部门或医院同意后转院治疗的；二是按照出院医嘱或医院要求在同一家医院按时返院治疗的。符合合并申请条件的，合并医疗期限最长不超过半年，合并后最多申请三次补助金。

40 职工因转院到外地住院治疗的，怎样办理补助？

职工因转院到外地住院治疗的，凭医保住院结算单、转诊证明和统筹地医保经办机构证明，到参加医疗互助活动的原单位申请医疗补助。

41 参加医疗互助活动的职工，中途退出基本医疗保险的，是否还享受互助补助？

在互助有效期内，参加活动会员中途退出基本医疗保险，或当基本医疗保险对其责任终止时，互助活动责任即行终止，先前所交纳的互助金一律不予退还。

42 职工申请医疗互助补助后，以什么方式领取补助？

补助申请批准后，医疗互助补助金原则上转账至职工本人工会会员服务卡（大海·惠工卡）上。

43 不承担职工医疗互助金补助的情形有哪些？

发生以下情形的，不承担补助金给付责任：

（1）互助期限外发生的住院医疗费用，如互助期满而治疗还未结束，未继续参加下期活动的，超出当期互助期治疗天数的医疗费用，不给予医疗补助。

（2）基本医疗保险不予支付的医疗费用，如医保规定的应由个人承担的自费费用、超过当地基本医疗统筹基金最高支付限额以上的费用、其他已由生育或工伤保险基金支付的费用、疗养体检费用等。

（3）由国家负担医疗费的新发、突发传染病导致的。

（4）医保部门因故未足额赔付的医疗费用。

（5）因醉酒、吸毒、斗殴、自杀、自残、自伤以及故意犯罪或拒捕造成伤残的。

（6）酒后驾驶、无有效执照驾驶，驾驶无有效行驶证的机动、助动交通工具，或负主要及以上责任的交通事故所造成伤残的。

（7）违法犯罪行为，从事违法、犯罪活动期间或者被依法拘留、服刑期间发生的住院费用。

（8）非医保指定或认定医疗机构发生的住院费用。

（9）整容、整容手术、美容、美容手术、矫形、矫形手术、外科整形手术、变性手术、预防性手术（如预防性阑尾切除），但因意外伤害所致的矫形、矫形手术、外科整形手术不在此限。

（10）不符合本细则规定，弄虚作假参加的人员。

（11）利用各种欺诈、作弊行为骗取互助金的。

（12）其他不符合补助的情形。

第二章

劳动合同要签订 依法维权是凭证

01 什么是劳动合同，农民工与用人单位为什么要签订劳动合同？

劳动合同是劳动者与用人单位确立劳动关系、明确双方权利和义务的协议。建立劳动关系应当订立劳动合同。订立和变更劳动合同，应当遵循平等自愿、协商一致的原则，不得违反法律、行政法规的规定。劳动合同依法订立即具有法律约束力，当事人必须履行劳动合同规定的义务。

农民工与用人单位建立劳动关系，应当订立劳动合同。用人单位可以通过劳动合同管理职工，完成生产活动；农民工则可以依据劳动合同，避免自己的劳动权益遭受不法侵犯。

02 劳动合同该如何订立？

签订劳动合同是指劳动合同双方当事人就已经达成一致的条款进行签字，使劳动合同成立。建立劳动关系，应当订立书面劳动合同。劳动合同由用人单位与劳动者协商一致，并经用人单位与劳动者在劳动合同文本上签字或者盖章生效。

劳动合同一经书面签订，即具有法律约束力。

03 农民工的劳动合同应包括哪些内容？

《中华人民共和国劳动合同法》（以下简称《劳动合同法》）规定，劳动合同应当具备以下条款：（1）用人单位的名称、住所和法定代表人或者主要负责人；（2）劳动者的姓名、住址和居民身份证或者其他有效身份证件号码；（3）劳动合同期限；（4）工作内容和工作地点；（5）工作时间和休息休假；（6）劳动报酬；（7）社会保险；（8）劳动保护、劳动条件和职业危害防护；（9）法律、法规规定应当纳入劳动合同的其他事项。

劳动合同除前款规定的必备条款外，用人单位与劳动者可以约定试用期、培训、保守秘密、补充保险和福利待遇等其他事项。

《国务院关于进一步做好为农民工服务工作的意见》规定，在务工流动性大、季节性强、时间短的农民工中推广简易劳动合同示范文本。

04 什么是无固定期限劳动合同，农民工是否可以订立无固定期限劳动合同?

根据《劳动合同法》的规定，无固定期限劳动合同，是指用人单位与劳动者约定无确定终止时间的劳动合同。

无固定期限劳动合同一般为长期合同。用人单位与劳动者协商一致，可以订立无固定期限劳动合同。有下列情形之一，劳动者提出或者同意续订、订立劳动合同的，除劳动者提出订立固定期限劳动合同外，应当订立无固定期限劳动合同：

（1）劳动者在该用人单位连续工作满十年的；

（2）用人单位初次实行劳动合同制度或者国有企业改制重新订立劳动合同时，劳动者在该用人单位连续工作满十年且距法定退休年龄不足十年的；

（3）连续订立 2 次固定期限劳动合同，且劳动者没有本法第 39 条和第 40 条第一项、第二项规定的情形，续订劳动合同的；

用人单位自用工之日起满一年不与劳动者订立书面劳动合同的，视为用人单位与劳动者已订立无固定期限劳动合同。

因此，只要符合上述条件，农民工就有权与用人单位签订无固定期限劳动合同。

05 劳动合同的试用期是怎样规定的，试用期的劳动报酬如何确定？

劳动合同可以约定试用期。对于试用期的长短，《劳动合同法》规定，劳动合同期限 3 个月以上不满 1 年的，试用期不得超过 1 个月；劳动合同期限 1 年以上不满 3 年的，试用期不得超过 2 个月；3 年以上固定期限和无固定期限的劳动合同，试用期不得超过 6 个月。以完成一定工作任务为期限的劳动合同或者劳动合同期限不满 3 个月的，不得约定试用期。

劳动合同的试用期是用人单位和劳动者为互相了解、选择而约定的考察期，同一用人单位与同一劳动者只能约定一次试用期。

需要注意的是，试用期包含在劳动合同期限内。劳动合同仅约定试用期的，试用期不成立，该期限为劳动合同期限。

对于试用期的劳动报酬，《劳动合同法》规定，劳动者在试用期的工资不得低于本单位相同岗位最低档工资的80%或者不得低于劳动合同约定工资的80%，并不得低于用人单位所在地的最低工资标准。

06 什么样的劳动合同是无效的?

根据《劳动合同法》的规定，下列劳动合同无效或者部分无效：

（1）以欺诈、胁迫的手段或者乘人之危，使对方在违背真实意思的情况下订立或者变更劳动合同的；

（2）用人单位免除自己的法定责任、排除劳动者权利的；

（3）违反法律、行政法规强制性规定的。

农民工在签订劳动合同时遇到上述情况，可以请求劳动争议仲裁机构或者人民法院确认其劳动合同无效。

劳动合同部分无效，不影响其他部分效力的，其他部分仍然有效。

07 劳动合同被认定无效后，农民工如何维护自己的合法权益?

农民工在向用人单位提供劳动后，劳动合同被确认无效的，用人单位应当向农民工支付劳动报酬。劳动报酬的数额，参照本单位相同或者相近岗位劳动者的劳动报酬确定。

劳动合同被确认为部分无效时，不影响其他部分效力的，其他部分仍然有效。因此，劳动合同应当继续履行。

08 农民工的居民身份证或者其他证件被单位扣押怎么办?

根据《劳动合同法》的规定，用人单位招用劳动者，不得扣押劳动者的居民身份证或其他证件。因此，用人单位扣押农民工的身份证件是违法的。

法律规定，用人单位违法扣押劳动者居民身份证等证件的，应当由劳动行政部门责令限期退还劳动者本人，

并依照有关法律规定给予处罚。

09 找工作时要求农民工缴纳押金的怎么办?

根据《劳动合同法》规定，用人单位招用劳动者时，不得要求劳动者提供担保或者以其他名义向劳动者收取财物。因此，用人单位在招用农民工时要求其缴纳押金是违法的。

法律规定，用人单位以担保或者其他名义向劳动者收取财物的，由劳动行政部门责令限期退还劳动者本人，并以每人 500 元以上 2000 元以下的标准处以罚款；给劳动者造成损害的，应当承担赔偿责任。劳动者依法解除或者终止劳动合同，用人单位扣押劳动者档案或者其他物品的，依照前款规定处罚。

10 未与农民工签订书面劳动合同的，其劳动关系是否成立?

针对部分用人单位招用劳动者不签订劳动合同，发生劳动争议时因双方劳动关系难以确定，致使劳动者合法权益难以维护的情况，原劳动和社会保障部于 2005 年颁布了《关于确立劳动关系有关事项的通知》。根据规定，用人单位招用劳动者未订立书面劳动合同，但同时具备下列情形的，劳动关系成立：

（1）用人单位和劳动者符合法律、法规规定的主体资格；

（2）用人单位依法制定的各项劳动规章制度适用于劳动者，劳动者受用人单位的劳动管理，从事用人单位安排的有报酬的劳动；

（3）劳动者提供的劳动是用人单位业务的组成部分。

《劳动合同法》也规定，用人单位自用工之日起即与劳动者建立劳动关系。可见，未签订书面劳动合同，并不影响劳动关系的成立。

11 认定用人单位和劳动者双方存在劳动关系的参照凭证有哪些？

用人单位未与劳动者签订劳动合同，认定双方存在劳动关系时可参照下列凭证：

（1）工资支付凭证或记录（职工工资发放花名册）、缴纳各项社会保险费的记录；（2）用人单位向劳动者发放的“工作证”“服务证”等能够证明身份的证件；（3）劳动者填写的用人单位招工招聘“登记表”“报名表”等招用记录；（4）

考勤记录；(5) 其他劳动者的证言等。

上述证据中，前三项的有关凭证由用人单位负举证责任。

12 应与农民工订立劳动合同而没有订立的该如何解决？

根据《劳动合同法》的规定，已建立劳动关系，未同时订立书面劳动合同的，应当自用工之日起1个月内订立书面劳动合同。

用人单位自用工之日起超过1个月不满1年未与劳动者订立书面劳动合同的，应当向劳动者每月支付2倍的工资；自用工之日起满1年不与劳动者订立书面劳动合同的，视为用人单位与劳动者已订立无固定期限劳动合同。

13 用人单位将工程（业务）或经营权发包给不具备用工主体资格的组织或自然人时怎样认定用工主体?

建筑施工、矿山企业等用人单位将工程（业务）或经营权发包给不具备用工主体资格的组织或自然人，对该组织或自然人招用的劳动者，由具备用工主体资格的发包方承担用工主体责任。

14 农民工是否可以拒绝用人单位强令违章作业的要求?

根据《劳动合同法》的规定，劳动者拒绝用人单位管理人员违章指挥、强令冒险作业的，不视为违反劳动合同。劳动者对危害生命安全和身体健康的劳动条件，有权对用人单位提出批评、检举和控告。可见，用人单位强令农民工违章作业时，农民工有权拒绝。

15 与农民工签订劳动合同的用人单位发生变更时怎么办？

与农民工订立劳动合同的用人单位可能会发生变更，这可能会导致农民工在主张劳动权利时出现困难。对此，《劳动合同法》规定，与农民工签订劳动合同的用人单位变更名称、法定代表人、主要负责人或者投资人等事项，不影响劳动合同的履行。用人单位发生合并或者分立等情况，原劳动合同继续有效，劳动合同由承继其权利和义务的用人单位继续履行。

16 劳动合同如何变更？

已经签订的劳动合同并非一成不变，劳动合同双方可以通过法律规定的程序对劳动合同的内容进行变更。根据《劳动合同法》的规定，变更劳动合同约定的内容，应当经用人单位与劳动者协商一致。同时，法律规定，变更劳动合同，应当采用书面形式。变更后的劳动合同文本由用人单位和劳动者各执一份。

17 劳动合同是否可以解除？

根据《劳动合同法》的规定，用人单位与劳动者协商一致，可以解除劳动合同。双方协商解除劳动合同的，应当依照国家有关规定给予经济补偿。

18 劳动者解除劳动合同有什么规定？

根据《劳动合同法》的规定，劳动者提前 30 日以书面形式通知用人单位，可以解除劳动合同。劳动者在试用期内提前 3 日通知用人单位，可以解除劳动合同。

用人单位有下列情形之一的，劳动者可以随时通知用人单位解除劳动合同：

（1）未按照劳动合同约定提供劳动保护或者劳动条件的；

（2）未及时足额支付劳动报酬的；

（3）未依法为劳动者缴纳社会保险费的；

（4）用人单位的规章制度违反法律、法规的规定，损害劳动者权益的；

（5）以欺诈、胁迫的手段或者乘人之危使对方在违背真实意思的情况下订立或者变更劳动合同，免除自己的法定责任、排除劳动者权利，或者违反法律、行政法规强制性规定，致使劳动合同无效的；

（6）法律、行政法规规定劳动者可以解除劳动合同的其他情形。

用人单位以暴力、威胁或者非法限制人身自由的手段强迫劳动者劳动的，或者用人单位违章指挥、强令冒险作业危及劳动者人身安全的，劳动者可以立即解除劳动合同，不需事先告知用人单位。

19 劳动者提前30日解除劳动合同有无其他限制？

根据相关规定，劳动者提前30日以书面形式通知用人单位，既是解除劳动合同的程序，也是解除劳动合同的条件。劳动者提前30日以书面形式通知用人单位，解除劳动合同，无须征得用人单位的同意。超过30日，劳动者向用人单位提出办理解除劳动合同的手续，用人单位应予以办理。但由于劳动者违反劳动合同有关约定而给用人单位造成经济损失的，应依据有关法律、法规、规章的规定和劳动合同的约定，由劳动者承担赔偿责任。

20 用人单位在什么情况下可以解除劳动者的劳动合同?

根据《劳动合同法》的规定，劳动者有下列情形之一的，用人单位可以解除劳动合同：

（1）在试用期间被证明不符合录用条件的；

（2）严重违反用人单位的规章制度的；

（3）严重失职，营私舞弊，给用人单位造成重大损害的；

（4）劳动者同时与其他用人单位建立劳动关系，对完成本单位的工作任务造成严重影响，或者经用人单位提出，拒不改正的；

（5）以欺诈、胁迫的手段或者乘人之危使对方在违背真实意思的情况下订立或者变更劳动合同，致使劳动合同无效的；

（6）被依法追究刑事责任的。

21 在什么情形下用人单位解除劳动合同应当提前通知劳动者?

根据《劳动合同法》的规定，有下列情形之一的，用人单位可以解除劳动合同，但是应当提前30日以书面形式通知劳动者本人或者额外支付劳动者1个月工资：

（1）劳动者患病或者非因工负伤，在规定的医疗期满后不能从事原工作，也不能从事由用人单位另行安排的工作的；

（2）劳动者不能胜任工作，经过培训或者调整工作岗位，仍不能胜任工作的；

（3）劳动合同订立时所依据的客观情况发生重大变化，致使劳动合同无法履行，经用人单位与劳动者协商，未能就变更劳动合同内容达成协议的。

用人单位依据上述规定解除劳动合同的，应当依照国家有关规定给予经济补偿。

22 在什么情形下用人单位可以裁员，裁员应当符合哪些条件？

根据《劳动合同法》的规定，有下列情形之一，需要裁减人员 20 人以上或者裁减不足 20 人但占企业职工总数 10% 以上的，用人单位提前 30 日向工会或者全体职工说明情况，听取工会或者职工的意见后，裁减人员方案经向劳动行政部门报告，可以裁减人员：

（1）依照《中华人民共和国企业破产法》(以下简称《企业破产法》）规定进行重整的；

（2）生产经营发生严重困难的；

（3）企业转产、重大技术革新或者经营方式调整，经变更劳动合同后，仍需裁减人员的；

（4）其他因劳动合同订立时所依据的客观经济情况发生重大变化，致使劳动合同无法履行的。

23 用人单位在哪些情形下不得解除劳动合同?

根据《劳动合同法》的规定，劳动者有下列情形之一的，用人单位不得依照《劳动合同法》第 40 条、第 41 条的规定解除劳动合同：

（1）从事接触职业病危害作业的劳动者未进行离岗前职业健康检查，或者疑似职业病病人在诊断或者医学观察期间的；

（2）在本单位患职业病或者因工负伤并被确认丧失或者部分丧失劳动能力的；

（3）患病或者非因工负伤，在规定的医疗期内的；

（4）女职工在孕期、产期、哺乳期的；

（5）在本单位连续工作满15年，且距法定退休年龄不足5年的；

（6）法律、行政法规规定的其他情形。

24 劳动合同在什么情况下终止？

根据《劳动合同法》的规定，有下列情形之一的，劳动合同终止：

（1）劳动合同期满的；

（2）劳动者开始依法享受基本养老保险待遇的；

（3）劳动者死亡，或者被人民法院宣告死亡或者宣告失踪的；

（4）用人单位被依法宣告破产的；

（5）用人单位被吊销营业执照、责令关闭、撤销或者用人单位决定提前解散的；

（6）法律、行政法规规定的其他情形。

劳动合同终止后，原先用人单位和劳动者之间存在的劳动关系也不再存在，双方劳动合同中的权利义务也随之消失。

25 事实劳动关系的终止应该怎样认定？

最高人民法院《关于审理劳动争议案件适用法律若干问题的解释》中规定：劳动合同期满后，劳动者仍在原用人单位工作，原用人单位未表示异议的，视为双方同意以原条件继续履行劳动合同。一方提出终止劳动关系的，人民法院应当支持。该规定中的“终止”，是指劳动合同期满后，劳动者仍在原用人单位工作，用人单位未表示异议的，劳动者和原用人单位之间存在的是一种事实上的劳动关系，而不等于双方按照原劳动合同约定的期限续签了一个新的劳动合同。一方提出终止劳动关系的，应认定为终止事实上的劳动关系。

26 在哪些情形下劳动者可以获得经济补偿?

根据《劳动合同法》的规定，有下列情形之一的，用人单位应当向劳动者支付经济补偿：

（1）劳动者依照《劳动合同法》第38条规定解除劳动合同的；

（2）用人单位依照《劳动合同法》第36条规定向劳动者提出解除劳动合同并与劳动者协商一致解除劳动合同的；

（3）用人单位依照《劳动合同法》第40条规定解除劳动合同的；

（4）用人单位依照《劳动合同法》第41条第1款规定裁减人员，解除劳动合同的；

（5）除用人单位维持或者提高劳动合同约定条件续订劳动合同，劳动者不同意续订的情形外，因劳动合同期满终止固定期限劳动合同的；

（6）因用人单位被依法宣告破产、被吊销营业执照、责令关闭、撤销或者用人单位决定提前解散而终止劳动合同的；

（7）法律、行政法规规定的其他情形。

27 经济补偿应按照什么标准支付？

根据《劳动合同法》的规定，经济补偿按劳动者在本单位工作的年限，每满 1 年支付 1 个月工资的标准向劳动者支付。6 个月以上不满 1 年的，按 1 年计算；不满 6 个月的，向劳动者支付半个月工资的经济补偿。

劳动者月工资高于用人单位所在直辖市、设区的市级人民政府公布的本地区上年度职工月平均工资 3 倍的，向其支付经济补

偿的标准按职工月平均工资3倍的数额支付，向其支付经济补偿的年限最高不超过12年。

28 解除劳动合同在什么情形下可以不支付经济补偿?

根据《劳动部关于实行劳动合同制度若干问题的通知》第2条的规定，劳动者按照《劳动法》第24条的规定，主动提出解除劳动合同的，用人单位可以不支付经济补偿金。

劳动者在劳动合同期限内，由于主管部门调动或转移工作单位而被解除劳动合同，未造成失业的，用人单位可以不支付经济补偿金。

29 劳动者能否向不签订劳动合同的用人单位要求经济补偿?

根据《中华人民共和国劳动合同法实施条例》的规定，用人单位自用工之日起超过1个月不满1年未与劳动者订立书面劳动合同的，应当依照《劳动合同法》第82条的规定向劳动者每月支付2倍的工资，并与劳动者补订书面劳动合同；劳动者不与用人单位订立书面劳动合同的，用人单位应当书面通知劳动者终止劳动关系，并依照《劳动合同法》第47条的规定支付经济补偿。

30 用人单位违反劳动合同规定的哪些情形应赔偿劳动者的损失?

根据《劳动合同法》的规定，用人单位有下列情形之一的，应当赔偿劳动者的损失：

（1）用人单位直接涉及劳动者切身利益的规章制度违反法律、法规规定，给劳动者造成损失的，应当承担赔偿责任；

（2）用人单位提供的劳动合同文本未载明本法规定的劳动合同必备条款或者用人单位未将劳动合同文本交付劳动者，给劳动者造成损害的，应当承担赔偿责任；

（3）用人单位自用工之日起超过1个月不满1年未与劳

动者订立书面劳动合同的，或者违反本规定不与劳动者订立无固定期限劳动合同的，应向劳动者每月支付2倍的工资；

（4）用人单位违反《劳动合同法》规定约定试用期，且违法约定的试用期已经履行的，由用人单位以劳动者试用期满月工资为标准，按已经履行的超过法定试用期的期间向劳动者支付赔偿金；

（5）用人单位扣押劳动者居民身份证等证件、以担保或者其他名义向劳动者收取财物，或者在劳动者依法解除或者终止劳动合同时扣押劳动者档案或者其他物品，给劳动者造成损害的，应当承担赔偿责任；

（6）用人单位不按照规定或约定向劳动者支付劳动报酬的，应当按应付金额50%以上100%以下的标准向劳动者加付赔偿金；

（7）用人单位有以暴力、威胁或者非法限制人身自由的手段强迫劳动的，违章指挥或者强令冒险作业危及劳动者人身安全的，侮辱、体罚、殴打、非法搜身或者拘禁劳动者的，劳动条件恶劣、环境

污染严重，给劳动者身心造成严重损害等情形，给劳动者造成损害的，应当承担赔偿责任；

（8）用人单位未向劳动者出具解除或者终止劳动合同的书面证明，给劳动者造成损害的，应当承担赔偿责任。

31 在哪些情形下，劳动者需向用人单位支付违约金、赔偿金？

有以下情形之一的，劳动者应当向用人单位支付违约金：

（1）劳动者违反服务期约定的，应当按照约定向用人单位支付违约金，违约金的数额不得超过用人单位提供的培训费用；

（2）劳动者违反竞业限制约定的，应当按照约定向用人单位支付违约金。

有以下情形之一的，劳动者应当向用人单位支付赔偿金：

（1）由于劳动者的原因造成劳动合同依照《劳动合同法》第 26 条的规定被确认无效，给用人单位造成损害的，应当承担赔偿责任；

（2）劳动者违反《劳动合同法》的规定解除劳动合同，或者违反劳动合同中约定的保密义务或者竞业限制，给用人单位造成损失的，应当承担赔偿责任。

32 什么是集体合同，农民工可否享受集体合同待遇？

根据《劳动合同法》的规定，企业职工一方与用人单位通过平等协商，可以就劳动报酬、工作时间、休息休假、劳动安全卫生、保险福利等事项订立集体合同。集体合同草案应当提交职工代表大会或者全体职工讨论通过。集体合同由工会代表企业职工一方与用人单位订立；尚未建立工会的用人单位，由上级工会指导劳动者推举的代表与用人单位订立。

企业职工一方还可以与用人单位就劳动安全卫生、女职工权益保护、工资调整机制等订立专项集体合同。

依法签订的集体合同对企业和企业全体职工具有约束力。农民工作为企业职工，可以享受集体合同中规定的待遇，与企业订立的劳动合同中劳动条件和劳动报酬等标准不得低于集体合同的规定。

33 订立集体合同应符合什么程序？

集体合同的订立一般应经过以下程序：

（1）经双方协商代表协商一致的集体合同草案或专项集体合同草案应当提交职工代表大会或者全体职工讨论；

（2）职工代表大会或者全体职工讨论集体合同草案或专

项集体合同草案，应当有三分之二以上职工代表或者职工出席，且须经全体职工代表半数以上或者全体职工半数以上同意，集体合同草案或专项集体合同草案方获通过；

（3）集体合同草案或专项集体合同草案经职工代表大会或者职工大会通过后，由集体协商双方首席代表签字；

（4）集体合同或专项集体合同期限一般为 1～3 年，期满或双方约定的终止条件出现，即行终止。集体合同或专项集体合同期满前 3 个月内，任何一方均可向对方提出重新签订或续订的要求；

（5）集体合同订立后，应当报送劳动行政部门；劳动行政部门自收到集体合同文本之日起 15 日内未提出异议的，集体合同即行生效。

34 工资集体协商和工资协议是怎么回事？

工资集体协商，是指职工代表与企业代表依法就企业内部工资分配制度、工资分配形式、工资收入水平等事项进行平等协商，并在此基础上签订工资协议的行为。工资协议，是指专门就工资事项签订的专项集体合同。已订立集体合同的，工资协议作为集体合同的附件，并与集体合同具有同等效力。劳动和社会保障部的《工资集体协商试行办法》对此做了规定。

35 工资集体协商一般包括哪些内容?

（1）工资协议的期限；

（2）工资分配制度、工资标准和工资分配形式；

（3）职工年度平均工资水平及其调整幅度；

（4）奖金、津贴、补贴等分配办法；

（5）工资支付办法；

（6）变更、解除工资协议的程序；

（7）工资协议的终止条件；

（8）工资协议的违约责任；

（9）双方认为应当协商约定的其他事项。

36 工资集体协商应经过哪些程序?

职工和企业任何一方均可提出进行工资集体协商的要求。工资集体协商的提出方应向另一方提出书面的协商意向书，明确协商的时间、地点、内容等。另一方接到协商意向书后，应于 20 日内予以书面答复，并与提出方共同进行工资集体协商。在不违反有关法律和行政法规的前提下，协商双方有义务按照对方要求，在协商开始前 5 日内，提供与工资集体协商有关的真实情况和资料。

工资协议草案应提交职工代表大会或职工大会讨论审议。工资集体协商双方达成一致意见后，由企业行政方制作工资协议文本。

工资协议经双方首席代表签字盖章后成立。

37 什么是劳务派遣?

根据《劳动合同法》的规定，劳务派遣是指劳务派遣单位与用工单位订立劳务派遣协议，由劳务派遣单位与被派遣劳动者订立书面劳动合同，并由劳务派遣单位指派被派遣劳动者在用工单位处接受用工单位管理、提供劳动的用工方式。这样，劳务派遣单位、用工单位和被派遣劳动者之间形成“有关系没劳动，有劳动没关系”的特殊形态。

38 被派遣农民工和谁订立劳动合同?

根据《劳动合同法》的规定，被派遣劳动者与劳务派遣单位订立劳动合同。劳务派遣合同应该以书面形式订立。劳务派遣单位应当与被派遣劳动者订立两年以上的固定期限劳动合同。

劳动者与用工单位不签订劳动合同，而是应当由劳务派遣单位与用工单位签订劳务派遣协议。劳务派遣协议中应规定劳务派遣单位与用工单位之间的权利义务，并明确劳务派遣单位与用工单位对被派遣劳动者各自应当履行的义务和具体实现方式。被派遣劳动者对劳务派遣协议享有知情权，劳务派遣单位应当将劳务派遣协议的内容告知被派遣劳动者。

39 劳务派遣单位应当对被派遣农民工履行哪些义务?

（1）如实告知被派遣劳动者《劳动合同法》第 8 条规定的事项、应遵守的规章制度以及劳务派遣协议的内容。

（2）建立培训制度，对被派遣劳动者进行上岗知识、安全教育培训。

（3）按照国家规定和劳务派遣协议约定，依法支付被派遣劳动者的劳动报酬和相关待遇。

（4）按照国家规定和劳务派遣协议约定，依法为被派遣劳动者缴纳社会保险费，并办理社会保险相关手续。

（5）督促用工单位依法为被派遣劳动者提供劳动保护和劳动安全卫生条件。

（6）依法出具解除或者终止劳动合同的证明。

（7）协助处理被派遣劳动者与用工单位的纠纷。

（8）法律、法规和规章规定的其他事项。

40 用工单位应当对被派遣农民工履行哪些义务?

（1）执行国家劳动标准，提供相应的劳动条件和劳动保护。

（2）告知被派遣劳动者的工作要求和劳动报酬。

（3）支付加班费、绩效奖金，提供与工作岗位相关的福利待遇。

（4）对在岗被派遣劳动者进行工作岗位所必需的培训。

（5）连续用工的，实行正常的工资调整机制。

用工单位不得将被派遣劳动者再派遣到其他用人单位。

41 发生劳动纠纷时，劳务派遣单位和用工单位如何承担责任?

根据《劳动合同法》的规定，用工单位给被派遣劳动者造成损害的，劳务派遣单位与用工单位承担连带赔偿责任。

劳务派遣单位或用工单位向被派遣劳动者承担赔偿责任后，可以根据双方的劳务派遣协议或法律规定确定具体的责任分配，已经承担赔偿责任的一方可以向未承担责任的一方追偿。

42 劳务派遣单位能与被派遣农民工约定试用期吗?

劳务派遣单位与被派遣劳动者签订劳动合同，是被派遣劳动者的“用人单位”，可以依法与被派遣劳动者约定试用期。但劳务派遣单位与同一被派遣劳动者只能约定一次试用期。而用工单位与劳动者之间不存在劳动合同关系，不能与被派遣劳动者约定试用期。

43 被派遣农民工怎样解除劳动合同?

被派遣劳动者提前 30 日以书面形式通知劳务派遣单位，可以解除劳动合同。被派遣劳动者在试用期内提前 3 日通知劳务派遣单位，可以解除劳动合同。劳务派遣单位应当将被派遣劳动者通知解除劳动合同的情况及时告知用工单位。

44 劳务派遣单位不再继续经营的，被派遣农民工该怎么办?

劳务派遣单位被依法宣告破产、吊销营业执照、责令关闭、撤销、决定提前解散或者经营期限届满不再继续经营的，劳动合同终止。用工单位应当与劳务派遣单位协商妥善安置被派遣劳动者。

45 什么是非全日制用工?

根据《劳动合同法》的规定，非全日制用工是指以小时计酬为主，劳动者在同一用人单位一般平均每日工作时间不超过 4 小时，每周工作时间累计不超过 24 小时的用工形式。非全日制用工可以由双方当事人通过口头协议的方式订立。

46 非全日制用工的劳动者享有哪些特殊权利?

与全日制用工相比，非全日制用工的劳动者享有以下特殊的劳动权利：

（1）可以与一个或者一个以上用人单位订立劳动合同，但是后订立的劳动合同不得影响先订立的劳动合同的履行；

（2）不得约定试用期；

（3）可以随时通知用人单位终止用工，但是不能要求用人单位支付经济补偿；

（4）小时计酬标准不得低于用人单位所在地人民政府规定的最低小时工资标准；

（5）非全日制用工劳动报酬结算支付周期最长不得超过15日。

第三章 工时休假有规定 工资拖欠法不允

01 我国的工作时间制度是如何规定的?

根据《中华人民共和国劳动法》（以下简称《劳动法》）和《国务院关于职工工作时间的规定》，职工每日工作 8 小时、每周工作 40 小时，用人单位应当保证劳动者每周至少休息一日。这是我国运用最为广泛的标准工时制度。

除此之外，企业部分岗位因生产特点或工作性质不能实行标准工时制度的，经企业申请、劳动保障行政部门批准，可以实行不定时工作制或综合计算工时工作制。

02 劳动者能否被要求加班，法律有何限制性规定?

根据《劳动法》第 41 条的规定，用人单位由于生产经营需要，经与工会和劳动者协商后可以延长工作时间，一般每日不得超过 1 小时；因特殊原因需要延长工作时间的，在保障劳动者身体健康的条件下延长工作时间每日不得超过 3 小时，但是每月不得超过 36 小时。用人单位不得违反规定延长劳动者的工作时间。

03 用人单位应当怎样支付劳动者加班加点的工资报酬？

根据《劳动法》的规定，有下列情形之一的，用人单位应当按照下列标准支付高于劳动者正常工作时间工资的工资报酬：

（1）安排劳动者延长工作时间的，支付不低于工资的150%的工资报酬；

（2）休息日安排劳动者工作又不能安排补休的，支付不低于工资的200%的工资报酬；

（3）法定节假日安排劳动者工作的，支付不低于工资的300%的工资报酬。

04 用人单位违反工时制度的，劳动者怎么办？

根据《劳动保障监察条例》的规定，用人单位违反劳动保障法律、法规或者规章延长劳动者工作时间的，由劳动保障行政部门给予警告，责令限期改正，并可以按照受侵害的劳动者每人100元以上500元以下的标准计算，处以罚款。

05 劳动者享有哪些休息休假的权利？

劳动者享有以下休息休假的权利。

（1）休息日：《劳动法》规定用人单位应当保证劳动者每周至少休息一日。

（2）法定节假日：《全国年节及纪念日放假办法》中规定，全体公民放假的节日是元旦、春节、清明节、劳动节、端午节、中秋节和国庆节；部分公民放假的节日是妇女节、青年节、儿童节、解放

军建军纪念日。

（3）带薪年休假：《职工带薪年休假条例》规定，劳动者连续工作 1 年以上的，享受带薪年休假。

除此之外，劳动者还享有探亲假、婚假、丧假、产假、哺乳假、看护假等休息休假的权利。

06 农民工是否享有带薪年休假的权利？

根据《职工带薪年休假条例》的规定，机关、团体、企业、事业单位、民办非企业单位、有雇工的个体工商户等单位的职工连续工作 1 年以上的，享受带薪年休假（以下简称年休假）。单位应当保证职工享受年休假。职工在年休假期间享受与正常工作期间相同的工资收入。因此，只要农民工在所在单位工作满 1 年，就可以享受带薪年休假的权利。

07 用人单位不能安排劳动者休带薪年休假的怎么办？

用人单位确因工作需要不能安排职工休年休假的，经职工本人同意，可以不安排职工休年休假。对职工应休未休的年休假天数，单位应当按照该职工日工资收入的 300% 支付年休假工资报酬。

单位不安排职工休年休假又不依照规定给予年休假工资

报酬的，由县级以上地方人民政府人事部门或者劳动保障部门依据职权责令限期改正；对逾期不改正的，除责令该单位支付年休假工资报酬外，单位还应当按照年休假工资报酬的数额向职工加付赔偿金；对拒不支付年休假工资报酬、赔偿金的，属于公务员和参照公务员法管理的人员所在单位的，对直接负责的主管人员以及其他直接责任人员依法给予处分；属于其他单位的，由劳动保障部门、人事部门或者职工申请人民法院强制执行。

08 不支付加班费只给补休是否合法?

根据《劳动法》的规定，用人单位应当按照法律规定的标准支付高于劳动者正常工作时间工资的劳动报酬的情形有三种：（1）安排劳动者延长工作时间的；（2）休息日安排劳动者工作又不能安排补休的；（3）法定节假日安排劳动者工作的。

可见，只有在第二种情形，即在休息日安排加班的，可以通过补休的方式代替支付劳动者加班费。而其他两

种情形，即延长工作时间和法定节假日安排加班的，必须按照法律规定的标准支付劳动者加班的工资报酬。

09 工资总额包含哪些项目?

根据法律的规定，工资总额是指各单位在一定时期内直接支付给本单位全部职工的劳动报酬总额。工资总额的计算应以直接支付给职工的全部劳动报酬为依据。

工资总额由下列六个部分组成：（1）计时工资；（2）计件工资；（3）奖金；（4）津贴和补贴；（5）加班加点工资；（6）特殊情况下支付的工资。

10 什么是最低工资标准，怎样认定正常劳动?

最低工资标准，是指劳动者在法定工作时间或依法签订的劳动合同约定的工作时间内提供了正常劳动的前提下，用人单位依法应支付的最低劳动报酬。正常劳动，是指劳动者按依法签订的劳动合同约定，在法定工作时间或劳动合同约定的工作时间内从事的劳动。劳动者依法享受带薪年休假、探亲假、婚丧假、生育（产）假、节育手术假等国家规定的假期间，以及法定工作时间内依法参加社会活动期间，视为提供了正常劳动。

11 用人单位支付给劳动者的工资在剔除哪些收入后不得低于当地最低工资标准？

在劳动者提供正常劳动的情况下，用人单位应支付给劳动者的工资在剔除下列各项以后，不得低于当地最低工资标准：

（1）延长工作时间工资；

（2）中班、夜班、高温、低温、井下、有毒有害等特殊工作环境、条件下的津贴；

（3）法律、行政法规和国家规定的劳动者福利待遇等。

实行计件工资或提成工资等工资形式的用人单位，在科学合理的劳动定额基础上，其支付劳动者的工资不得低于相应的最低工资标准。

12 劳务派遣中被派遣农民工的工资由谁支付？

根据《劳动合同法》的规定。劳务派遣单位应当按月向劳动者支付劳动报酬。具体可以分为以下几种情况。

（1）在正常情况下，被派遣劳动者的劳动报酬由用工单位承担并按照劳务派遣协议支付给劳务派遣单位，由劳务派遣单位支付给劳动者。劳务派遣单位不得克扣用工单位按照劳务派遣协议支付给被派遣劳动者的劳动报酬。

（2）被派遣劳动者无工作期间，其劳动报酬由劳务派遣单位直接承担。劳务派遣单位应当按照所在地人民政府规定的最低工资标准，向劳动者按月支付报酬。

（3）被派遣劳动者的加班费、绩效奖金以及与岗位相关的福利待遇，则由用工单位直接支付和提供。

（4）被跨地区派遣的劳动者，其劳动报酬按用工单位所在地的标准执行。

13 非全日制用工的工资如何支付？

《劳动保障部关于非全日制用工若干问题的意见》中规定，用人单位应当按时足额支付非全日制劳动者的工资。用人单位支付非全日制劳动者的小时工资不得低于当地政府颁布的小时最低工资标准。

非全日制用工的工资支付可以按小时、日、周或月为单位结算。

14 用人单位侵害劳动者工资报酬的应怎样处罚？

根据《劳动合同法》的规定，用人单位有下列情形之一的，由劳动行政部门责令限期支付劳动报酬、加班费或者经济补偿；劳动报酬低于当地最低工资标准的，应当支付其差额部分；逾期不支付的，责令用人单位按应付金 50% 以上

100%以下的标准向劳动者加付赔偿金：

（1）未按照劳动合同的约定或者国家规定及时足额支付劳动者劳动报酬的；

（2）低于当地最低工资标准支付劳动者工资的；

（3）安排加班不支付加班费的；

（4）解除或者终止劳动合同，未依照本法规定向劳动者支付经济补偿的。

15 建设领域农民工工资的支付有什么特殊规定？

为规范建设领域农民工工资支付行为，预防和解决建筑业企业拖欠或克扣农民工工资问题，劳动和社会保障部、建设部2004年下发了《建设领域农民工工资支付管理暂行办法》，对建设领域农民工的工资支付问题做了具体规定。该办法适用于在中华人民共和国境内的建筑业企业和与之形成劳动关系的农民工。该办法所指建筑业企业，是指从事土木工程、建筑工程、线路管道设备安装工程、装修工程的新建、扩建、改建活动的企业。

16 建筑企业应当怎样支付农民工的工资?

根据《建设领域农民工工资支付管理暂行办法》的规定，企业必须严格按照《劳动法》《工资支付暂行规定》和《最低工资规定》等有关规定支付农民工工资，不得拖欠或克扣。企业应当根据劳动合同约定的农民工工资标准等内容，按照依法签订的集体合同或劳动合同约定的日期按月支付工资，并不得低于当地最低工资标准。具体支付方式可由企业结合建筑行业特点在内部工资支付办法中规定。

企业支付农民工工资应编制工资支付表，如实记录支付单位、支付时间、支付对象、支付数额等工资支付情况，并保存两年以上备查。

17 建筑承包企业之间应怎样支付农民工的工资?

根据《建设领域农民工工资支付管理暂行办法》的规定，工程总承包企业应对劳务分包企业工资支付进行监督，督促其依法支付农民工工资。业主或工程总承包企业未按合同约定与建设工程承包企业结清工程款，致使建设工程承包企业拖欠农民工工资的，由业主或工程总承包企业先行垫付农民工被拖欠的工资，先行垫付的工资数额以未结清的工程款为限。

企业因被拖欠工程款导致拖欠农民工工资的，企业追回的被拖欠工程款，应优先用于支付拖欠的农民工工资。工程总承包企业不得将工程违反规定发包、分包给不具备用工主体资格的组织或个人，否则应承担清偿拖欠工资连带责任。

18 对农民工工资受侵害的哪些行为有权进行举报?

根据《建设领域农民工工资支付管理暂行办法》的规定，农民工发现企业有下列情形之一的，有权向劳动和社会保障行政部门举报：

(1) 未按照约定支付工资的；

（2）支付工资低于当地最低工资标准的；

（3）拖欠或克扣工资的；

（4）不支付加班工资的；

（5）侵害工资报酬权益的其他行为。

各级劳动和社会保障行政部门依法对企业支付农民工工资情况进行监察，对违法行为进行处理。企业在接受监察时应当如实报告情况，提供必要的资料和证明。

19 解决拖欠农民工工资的措施有哪些？

国务院办公厅于2003年在《关于切实解决建设领域拖欠工程款问题的通知》中规定，各地要认真贯彻执行《国务院办公厅关于做好农民进城务工就业管理和服务工作的通知》（国办发〔2003〕1号），加强监察执法，严厉打击以各种名目拖欠、克扣农民工工资的违法违规行为，帮助农民工追讨工资。

（1）要对农民工集中的建筑业企业、在建工地进行逐一排查，检查用人单位支付农民工工资情况和与农民工签订劳动合同情况。

（2）对有拖欠和克扣行为的企业，责令其立即补发；不能立即补发的，要制订清欠计划，限期补发。

（3）凡因工程项目业主拖欠建筑业企业工程款，致使建筑业企业不能按时发放农民工和工人工资的，要严肃追究业主的责任，责令其限期付清工程款，并向社会公布。

（4）已获得工程款的建筑业企业，要优先偿付拖欠农民工和工人工资。

（5）对恶意拖欠、克扣农民工和工人工资的建筑业企业，要严格按照国家有关规定进行处罚，通过媒体予以曝光，并追究有关责任人的责任；涉嫌犯罪的，移交司法机关依法处理。

2014 年出台的《国务院关于进一步做好为农民工服务工作的意见》中规定，在建设领域和其他容易发生欠薪的行业推行工资保证金制度，在有条件的市县探索建立健全欠薪应急周转金制度，完善并落实工程总承包企业对所承包工程的农民工工资支付全面负责制度、劳动保障监察执法与刑事司法联动治理恶意欠薪制度、解决欠薪问题地方政府负总责制度，推广实名制工资支付银行卡。

2016 年出台的《国务院办公厅关于全面治理拖欠农民工工资问题的意见》中规定，以建筑市政、交通、水利等工程建设领域和劳动密集型加工制造、餐饮服务等易发生拖欠工资问题的行业为重点，健全源头预防、动态监管、失信惩戒相结合的制度保障体系，完善市场主体自律、政府依法监管、社会协同监督、司法联动惩处的工作体系。到2020年，形成制度完备、责任落实、监管有力的治理格局，使拖欠农民工工资问题得到根本遏制，努力实现基本无拖欠。其中，明确工资支付各方主体责任、严格规范劳动用工管理、推行银行代发工资制度、完善企业工资支付监控机制、完善工资保证金制度、建立健全农民工工资（劳务费）专用账户管理制度、落实清偿欠薪责任、完善企业守法诚信管理制度、建立健全企业失信联合惩戒机制等内容。

20 对于农民工工资的支付，承包企业与分包企业如何承担责任？

《国务院办公厅转发建设部等部门关于进一步解决建设领域拖欠工程款问题意见的通知》中规定，按照谁承包、谁负责的原则，总承包企业对所承包工程的农民工工资支付全面负责，分包企业对分包工程的农民工工资支付直接负责。总承包企业负责对分包企业劳动用工、工资发放情况进行日常动态监督，采取有效措施，确保农民工工资按时足额发放。总承包企业因转包、违法分包工程造成拖欠农民工工资的，由总承包企业承担全部责任。同时，地方各级人民政府要采取有效措施，加强支付农民工工资保障制度建设，防止因建设单位拖欠施工企业的工程款，造成拖欠农民工工资问题。

要严格执行《建设领域农民工工资支付管理暂行办法》，按照依法签订的集体合同或劳动合同约定的日期，按月支付农民工工资，并不得低于当地最低工资标准。地方各级劳动保障部门要会同建设等行政管理部门建立和完善工资支付的监控制度。

21 怎样加大对拖欠农民工工资行为的处罚力度?

《关于进一步解决建设领域拖欠工程款问题意见的通知》中规定，对拒不配合清欠工作或采取各种形式逃避还款责任的建设单位，建设行政管理部门要向社会公布，并联合工商行政管理部门加强监管，防止其采用异地注册新企业等方式逃避还款责任。地方各级发展改革(计划)、规划、建设、房地产等行政管理部门依法采取不予审批新建项目，不办理规划、施工许可，降低或取消企业资质等行政措施，加大处罚力度，督促其履行还款责任。对恶意拖欠造成严重后果的，要依法追究责任。

监察机关要加大监督力度，对不能认真贯彻落实党中央、国务院有关政策规定，贻误清欠工作，以及不认真履行监督职责的，要严肃追究有关领导和责任人员的责任。

22 劳动保障、建设部门在解决拖欠农民工工资问题上的工作职责是什么？

《关于进一步解决拖欠农民工工资问题的通知》中规定，劳动保障、建设部门在各自职责范围内承担以下工作任务。

各级劳动保障行政部门负责牵头解决拖欠农民工工资工作，会同有关部门制订相关工作计划和政策措施，会同有关

部门对农民工工资支付进行监督管理，建立预防和解决拖欠农民工工资的机制和制度，通过劳动保障监察执法，纠正和处理拖欠农民工工资的违法行为。

各级建设行政主管部门负责进一步规范建筑市场秩序，采取有效措施杜绝建设工程非法转包、分包现象，大力发展劳务分包企业，建立有序流动的劳务输入输出制度，严格执行建筑业企业市场准入和清出制度，继续完善企业资质管理办法，督促建筑企业严格执行《建设领域农民工工资支付管理暂行办法》的有关规定，继续做好建设领域清理拖欠工程款工作，建立预防拖欠农民工工资的长效机制。

23 司法行政部门在解决拖欠农民工工资问题上的工作职责是什么？

《关于进一步解决拖欠农民工工资问题的通知》规定，司法部门在各自职责范围内承担以下工作任务。

各级监察机关按照《中华人民共和国行政监察法》等法律法规的规定，对不认真执行国家有关清欠政策，不认真履行职责造成严重后果的有关行政机关及其工作人员，严肃追究责任。

各级司法行政部门支持、引导法律服务和法律援助机构，为解决拖欠农民工工资问题提供及时有效的法律服务和法律援助。负责推行法律援助制度，为符合法律援助条件的农民工提供法律援助，依法帮助农民工解决拖欠工资问题。配合劳动保障部门指导、督促拖欠农民工工资的用人单位与农民工签订还款协议，并由公证机关依法赋予强制执行效力，建立完善、便捷、高效的维权机制。

各级公安部门负责协助劳动保障部门严厉查处拖欠农民工工资以及欠薪逃匿的违法行为，及时处理因拖欠工资引发的危害社会治安的行为。

24 其他相关部门在解决拖欠农民工工资问题上的工作职责是什么?

《关于进一步解决拖欠农民工工资问题的通知》规定，其他相关部门在各自职责范围内承担以下工作任务。

人民银行、银监会各分支机构负责督促商业银行积极配合政府有关部门探索建立工资预留账户等制度，不断改善金融服务。

各级工商行政管理部门负责配合劳动保障部门做好对私营企业主的宣传教育工作，加强用人单位诚信制度建设。

各级工会负责指导、帮助企业建立和完善工会组织，逐步提高工会组织为劳动者维权的能力。指导农民工与企业签订劳动合同，组织职工开展集体协商签订集体合同，加强对劳动合同、集体合同履行情况的监督。

25 怎样严厉打击恶意拖欠、克扣农民工工资的违法行为？

《建设部关于贯彻〈国务院办公厅关于做好农民进城务工就业管理和服务工作的通知〉的通知》规定，对故意拖欠和克扣农民工工资的施工企业，要追究主要负责人的责任，并记入企业信用档案。对拖欠和克扣农民工工资数额较大、性质恶劣、造成严重后果的单位，除按《劳动法》等有关规定进行处罚外，还要在新闻媒体上曝光，涉嫌犯罪的，移交司法机关严肃处理。

对因建设单位拖欠施工企业工程款导致拖欠农民工工资的，施工企业要列出拖欠工程款清单，与建设单位协商，清理、偿还工程欠款，对协商后仍继续拖欠的，要依据《中华人民共和国合同法》第 286 条的规定进行诉讼。建设行政主管部门要会同有关部门追究建设单位责任，并在新闻媒体上曝光。

《刑法修正案（八）》新增了拒不支付劳动报酬罪，对以转移财产、逃匿等方法逃避支付劳动者的劳动报酬或者有能力支付而不支付劳动者的劳动报酬，数额较大，经政府有关部门责令支付仍不支付的，处 3 年以下有期徒刑或者拘役，并处或者单处罚金；造成严重后果的，处 3 年以上 7 年以下有期徒刑，并处罚金。单位犯前款罪的，对单位判处罚金，并对其直接负责的主管人员和其他直接责任人员，依照前款的规定处罚。有前两款行为，尚未造成严重后果，在提起公诉前支付劳动者的劳动报酬，并依法承担相应赔偿责任的，可以减轻或者免除处罚。

第四章

参加社保有保障 工伤保险解忧愁

01 劳动者享有哪些社会保险?

社会保险是社会保障制度的一个最重要的组成部分。它是一种为丧失劳动力、暂时失去劳动岗位或因健康原因造成损失的人口提供收入或补偿的一种社会和经济制度。

劳动者只要入职用人单位，用人单位就应当为其缴纳基本养老保险、基本医疗保险、失业保险、工伤保险和生育保险，这些都是社会保险，用以保障劳动者在年老、患病、工伤、失业、生育以及死亡等原因暂时或者永久失去生活来源时给予一定物质帮助的权利。

02 什么是基本养老保险，哪些人能参加基本养老保险?

基本养老保险亦称国家基本养老保险，是国家根据法律、法规的规定，强制建立和实施的一种社会保险制度。在这一制度下，用人单位和劳动者必须依法缴纳养老保险费，在劳动者达到国家规定的退休年龄或因其他原因而退出劳动岗位后，社会保险经办机构依法向其支付养老金等待遇，从而保障其基本生活。它是按国家统一政策规定强制实施的为保障广大离退休人员基本生活需要的一种养老保险制度。

基本养老保险是一个大体系。在这个体系中，针对不同参保群体，设计了不同的保险制度。概括地讲，分为以下三类。

（1）保障城镇职工。我国城镇职工养老保险始于20世纪50年代，发展至90年代初具雏形，此后经国务院一系列制度改革得以完善。在2010年颁布的《中华人民共和国社会保险法》（以下简称《社会保险法》）中，职工养老保险制度的基本框架正式确立。

（2）保障农村居民。我国农村居民养老保险自1991年开始推行，2003年后调整为新型农村社会养老保险，2009年开始试行。目前，新农保制度已覆盖我国所有县级行政区。

（3）保障城镇居民。我国城镇居民养老保险制度建设起步较晚，2006年提出建立，2010年提出开展试点，2011年在全国试行。目前，城居保制度也已实现全覆盖。

03 农民工能否参加基本养老保险，有何政策规定？

农民工是城镇职工基本养老保险制度的重点保障对象，当然有权参保，不受任何差别对待。《社会保险法》明确规定，进城务工的农村居民依照本法规定参加社会保险。这就明确了农民工的参加城镇基本养老保险制度的权利。农民工只要能在用人单位就业，工作相对稳定，用人单位就应当为其办理参保手续，缴纳保险费用。

在2014年新出台的《国务院关于进一步做好为农民工服务工作的意见》中规定，依法将与用人单位建立稳定劳动关系的农民工纳入城镇职工基本养老保险和基本医疗保险，研究完善灵活就业农民工参加基本养老保险政策，灵活就业农民工可以参加当地城镇居民基本医疗保险。

04 农民工怎样办理参保手续？

凡是与企业建立固定劳动关系的进城务工人员参加城镇职工基本养老保险，不用自己办理参保手续，而交由用人单位统一办理。

用人单位办理参保手续分两步走。首先到所在地的社保机构办理参保登记。登记期限是单位成立之日起30日内或用工之日起30日内，应当提交的材料包括社会保险登记表、营业执照、组织机构统一代码证书等证件和材料，其中，在登记表中要准确填写单位名称、住所、经营地点、单位类型、法定代表人或者负责人、组织机构统一代码、主管部门、隶属关系和用于划缴保险费的开户银行账号等事项。参保登记完成后，用人单位应当按月如实计算应缴保费数额，并向社会保险经办机构申报。数额经社保机构核准后，作为缴纳保费依据。

05 个人应缴纳多少保费?

个人应缴保费数额不是固定的，而要以本人工资为依据按照一定比例计算得出。计算公式是个人缴费基数乘以个人缴费比例。按照现行规定，个人缴费基数是指上一年度职工本人月平均工资或上月工资，个人缴费比例是8%。因此，职工个人每月应缴保费数额相当于本人月收入的8%。以职工月收入3000元为例，则应缴保费数额为240元左右。

06 用人单位拒缴保费的，该怎么办？

用人单位应按时足额缴纳保费，否则属于违法。如果发现用人单位无故拒缴保费的，可向社保机构、人社部门、财政部门和审计机关等单位举报和投诉，由上述部门依法处理或移交有权处理部门处理。

也可以向工会组织、行业协会、新闻媒体等反映情况，由这些组织出面督促用人单位依法缴费。如用人单位认为其不缴保费有正当理由，而职工不认同该理由，双方就此发生争议的，可采取申请调解、仲裁和提起诉讼的方式处理争议。职工申请调解的，可到用人单位内设的劳动争议调解委员会或当地人民调解委员会请求协调处理。职工也可以不申请调解，直接向当地劳动争议仲裁委员会提出仲裁申请，由仲裁庭对争议进行裁决。职工对仲裁裁决不服的，可以自收到仲裁裁决书之日起 15 日内向人民法院提起诉讼。

07 符合什么条件才能领取基本养老金？

我国法律规定，参加基本养老保险的个人，在达到条件时可按月领取基本养老金。一般来说，法定条件有三个：一是达到法定退休年龄，并已办理退休手续；二是已参加养老保险并缴纳保险费；三是缴费（含视同缴费）至少满

15 年。

目前，法定退休年龄可分为两类。（1）正常退休年龄。男年满 60 岁；女干部（即从事管理和科研工作的女职工）、女性自由职业者和女性个体工商户年满 55 岁，其他女职工年满 50 岁。（2）提前退休年龄。参保人有下列情形的，可申请提前退休：一是从事高空和特别繁重体力劳动的必须在该工种岗位上工作累计满 10 年，从事井下和高温工作的必须在该工种岗位上工作累计满 9 年，从事其他有害身体健康工作的必须在该工种岗位上工作累计满 8 年；二是因工致残，或连续工龄满 10 年的 50 岁以上的男性和 45 岁以上的女性，经医院证明和劳动鉴定委员会确认完全丧失劳动能力的。

08 劳务派遣中被派遣农民工的社会保险由谁缴纳？

由哪一方为被派遣劳动者缴纳社会保险应由劳务派遣单位和用工单位协商并在劳务派遣协议中明确。

对于劳务派遣单位跨地区派遣劳动者的，《劳务派遣暂行规定》中明确，应当在用工单位所在地为被派遣劳动者参加社会保险，按照用工单位所在地的规定缴纳社会保险费。劳务派遣单位在用工单位所在地设立分支机构的，由分支机构为被派遣劳动者办理参保手续，缴纳社会保险费。劳务派遣单位未在用工单位所在地设立分支机构的，由用工单位代劳务派遣单位为被派遣劳动者办理参保手续，缴纳社会保险费。

09 从事非全日制用工的劳动者如何办理基本养老保险?

《劳动保障部关于非全日制用工若干问题的意见》中规定，从事非全日制工作的劳动者应当参加基本养老保险，原则上参照个体工商户的参保办法执行。对于已参加过基本养老保险和建立个人账户的人员，前后缴费年限合并计算，跨统筹地区转移的，应办理基本养老保险和建立个人账户的转移、接续手续。符合退休条件时，按照国家规定计发基本养老金。

10 什么叫基本医疗保险，哪些人能参加基本医疗保险?

基本医疗保险是我国社会保障体系的重要组成部分，它是为补偿劳动者因疾病风险造成的经济损失而建立的一项社会保险制度，其中包括城镇职工基本医疗保险、城镇居民基本医疗保险和新型农村合作医疗等。

（1）城镇职工基本医疗保险覆盖的是城镇居民中的就业者，由职工个人和企业共同缴费，城镇中的个体工商户和自由职业者也可以参加城镇职工基本医疗保险，但保险费要由个人全部承担。

（2）城镇居民基本医疗保险覆盖的是城镇居民中的未就业者，规定个人自愿参加，城镇居民基本医疗保险由个人缴费，各级政府给予补助。

（3）新型农村合作医疗覆盖的是农村居民，无论其就业状态如何都可以参加，这项制度也规定个人自愿参加，新型农村合作医疗由个人缴费，各级政府给予补助。

（4）城乡医疗救助制度覆盖的是城乡居民中的困难群体，可以在参加医疗保障制度和看病就医方面给予他们经济上的帮助。

11 农民工参加基本医疗保险是怎样规定的?

根据国家法律的规定，与用人单位形成劳动关系的农村进城务工人员有权参加医疗保险。各地在具体实施中，要根据农村进城务工人员的特点和医疗需求，合理确定缴费率和保障方式，解决他们在务工期间的大病医疗保障问题，用人单位要按规定为其缴纳医疗保险费。对在城镇从事个体经营等灵活就业的农村进城务工人员，可以按照灵活就业人员参保的有关规定参加医疗保险。据此，在已经将农民工纳入医疗保险范围的地区，农民工应当参加医疗保险，用人单位和农民工本人应依法缴纳医疗保险费，农民工患病时，可以按照规定享受有关医疗保险待遇。但是，各地的具体规定不一样，这里提供北京市的规定供参考，根据2004年实施的《北京市外地农民工参加基本医疗保险暂行办法》（以下简称本办法）规定如下。

（1）覆盖范围。适用于本市城镇所有用人单位，包括企业、机关、事业单位、社会团体、民办非企业单位（以下简称用人单位）和与之形成劳动关系的外地农民工；本办法所称外地农民工，是指在国家规定的劳动年龄内，具有外省市农业户口，有劳动能力并与本市城镇用人单位形成劳动关系的人员；用人单位招用外地农民工，应当到所在区、县的社会保险经办机构为其办理参加基本医疗保险手续。

（2）缴费办法。外地农民工参加本市基本医疗保险，由用人单位缴纳基本医疗保险费，外地农民工个人不缴费。用人单位以上一年本市职工月平均工资60%为基数、按2%的比例按月缴纳基本医疗保险费，其中1.8%划入基本医疗保险统筹基金，0.2%划入大额医疗互助资金。按本办法缴费，外地农民工不建个人账户，不计缴费年限，缴费当期享受相关待遇。

（3）支付范围。按本办法参加基本医疗保险，符合本市基本医疗保险药品目录、诊疗项目目录以及服务设施范围和支付标准的下列医疗费用，纳入基本医疗保险统筹基金和大额医疗互助资金支付范围：住院治疗的医疗费用；急诊抢救留观并收入住院治疗的，其住院前留观，7日内的医疗费用；恶性肿瘤放射治疗和化

学治疗、肾透析、肾移植后服抗排异药的门诊医疗费用。

12 基本医疗保险个人怎样缴费?

（1）各统筹地区要确定一个适合当地职工负担水平的个人基本医疗保险缴费率，一般为工资收入的2%。

（2）由个人以本人工资收入为基数，按规定的当地个人缴费率缴纳基本医疗保险费。个人缴费基数应按国家统计局规定的工资收入统计口径为基数，即以全部工资性收入，包括各类奖金、劳动收入和实物收入等所有工资性收入为基数，乘以规定的个人缴费率，即为本人应缴纳的基本医疗保险费。

（3）个人缴费一般不需个人到社会保险经办机构去缴纳，而是由单位从工资中代扣代缴。

13 单位不参保，应该怎么办?

医疗保险涉及每个职工的切身利益，但企业在经营活动中不给职工办医疗保险的现象屡见不鲜。为什么会存在这种现象呢？一方面，企业法治意识不强，企图以此降低用工成本，另一方面是职工维权意识不强，许多人认为只有缴纳了医疗保险费，才能享受医保待遇。

无论是国家机关、事业单位，还是企业或个体经济组织，均负有缴纳基本医疗保险费的义务。如果遇到用人单位不缴纳医疗保险费的情况，职工可以采取以下的方法。

（1）可以和用人单位协商解决。如果职工遇到了用人单位不参保的情况，可以和用人单位进行协商，因为缴纳基本医疗保险费是单位应尽的义务，如果用人单位未为员工缴医保，员工发生的医疗费用应该由该用人单位“买单”。

（2）可以向劳动保障行政部门投诉。由劳动保障行政部门或者税务机关责令用人单位限期缴纳；逾期仍不缴纳的，除补缴欠缴数额外，从欠缴之日起，按日加收2‰的滞纳金。滞纳金并入社会保险基金。缴费单位逾期拒不缴纳医疗保险费、滞纳金的，由劳动保障行政部门或者税务机关申请人民法院依法强制征缴。

（3）可以向劳动争议仲裁委员会提起劳动仲裁，或者向人民法院提起民事诉讼。按照现有法律、法规，医疗保险不能通过事后补缴保险费而享受保险待遇。如果用人单位未能依法为员工缴纳医疗保险，导致员工患病后，因无法享受医疗保险待遇而遭受经济损失的，劳动争议仲裁委员会或法院原则上将判令用人单位赔偿员工所遭受的损失，即判令用人单位按当地医疗保险待遇标准，赔偿员工损失。

14 新型农村合作医疗是什么，农民工的原有农村合作医疗怎么办？

新型农村合作医疗制度，简称“新农合”，是由政府组织、引导、支持，农民自愿参加，个人、集体和政府多方筹资，以大病医疗统筹为主要内容的农民医疗互助共济制度。新型农村合作医疗原则上适用于具有农业户口的农村居民。关于新型农村合作医疗的适用对象，全国没有统一规定，各地根据自己的情况制定。

城乡各类流动就业人员按照现行规定相应参加城镇职工基本医疗保险、城镇居民基本医疗保险或新型农村合作医疗，不得同时参加和重复享受待遇。各地不得以户籍等原因设置参加障碍。

农村户籍人员在城镇单位就业并有稳定劳动关系的，由用人单位按照《社会保险登记管理暂行办法》的规定办理登记手续，参加就业地城镇职工基本医疗保险。其他流动就业的，可自愿选择参加户籍所在地新型农村合作医疗或就业地城镇基本医疗保险，并按照有关规定到户籍所在地新型农村合作医疗经办机构或就业地社会（医疗）保险经办机构办理登记手续。

新型农村合作医疗参合人员参加城镇基本医疗保险后，由就业地社会（医疗）保险经办机构通知户籍所在

地新型农村合作医疗经办机构办理转移手续，按当地规定退出新型农村合作医疗，不再享受新型农村合作医疗待遇。

由于劳动关系终止或其他原因中止城镇基本医疗保险关系的农村户籍人员，可凭就业地社会（医疗）保险经办机构出具的参保凭证，向户籍所在地新型农村合作医疗经办机构申请，按当地规定参加新型农村合作医疗。

15 什么是工伤，什么是工伤保险?

工伤是职业伤害的简称，包括由工作引起并在工作过程中发生的事故伤害和劳动者遭受的职业病伤害。

工伤保险又称职业伤害保险，是指国家和社会通过立法，为在生产、工作或在规定的某些特殊情况下遭受意外事故伤害或职业病伤害的劳动者，提供医疗服务、生活保障、经济补偿、职业康复；为因受上述职业伤害而死亡的劳动者其供养亲属提供遗属抚恤等物质帮助的社会保险制度。

16 农民工是否享有工伤保险的权利？

2010 年修订的《工伤保险条例》中规定，中华人民共和国境内的企业、事业单位、社会团体、民办非企业单位、基金会、律师事务所、会计师事务所等组织和有雇工的个体工商户应当依照《工伤保险条例》的规定参加工伤保险，为本单位全部职工或者雇工缴纳工伤保险费。中华人民共和国境内的企业、事业单位、社会团体、民办非企业单位、基金会、律师事务所、会计师事务所等组织的职工和个体工商户的雇工，均有依照《工伤保险条例》的规定享受工伤保险待遇的权利。

《国务院关于进一步做好为农民工服务工作的意见》中也提出，要努力实现用人单位的农民工全部参加工伤保险，着力解决未参保用人单位的农民工工伤保险待遇保障问题。

17 劳动者个人要承担工伤保险费用吗？

工伤保险费用全部由用人单位承担，职工个人无需缴纳工伤保险费用。由用人单位缴纳的工伤保险费用是工伤保险与养老保险、医疗保险等其他社会保险的重要区别。由于劳动者在为用人单位创造经济效益的同时，还要承担着职业伤害的风险，因此在劳动生产过程中发生的工伤、使职工遭受职业伤害时，应当由用人单位对这种职业伤害给予经济补偿。

缴纳了工伤保险费用的用人单位，其工伤费用绝大部分由工伤保险基金支付；未缴纳工伤保险费用的，其工伤保险费用全部由用人单位承担。

18 哪些情形应当认定为工伤?

根据《工伤保险条例》的规定，职工有下列情形之一的，应当认定为工伤：

（1）在工作时间和工作场所内，因工作原因受到事故伤害的；

（2）工作时间前后在工作场所内，从事与工作有关的预备性或者收尾性工作受到事故伤害的；

（3）在工作时间和工作场所内，因履行工作职责受到暴力等意外伤害的；

（4）患职业病的；

（5）因工外出期间，由于工作原因受到伤害或者发生事故下落不明的；

（6）在上下班途中，受到非本人主要责任的交通事故或者城市轨道交通、客轮轮渡、火车事故伤害的；

（7）法律、行政法规规定应当认定为工伤的其他情形。

19 哪些情形可以视同工伤？

根据《工伤保险条例》的规定，劳动者有下列情形之一的，视同工伤：

（1）在工作时间和工作岗位，突发疾病死亡或者在48小时之内经抢救无效死亡的；

（2）在抢险救灾等维护国家利益、公共利益活动中受到伤害的；

（3）职工原在军队服役，因战、因公负伤致残，已取得革命伤残军人证，到用人单位后旧伤复发的。

职工有第（1）项、第（2）项情形的，按照《工伤保险条例》的有关规定享受工伤保险待遇；职工有第（3）项情形的，按照《工伤保险条例》的有关规定享受除一次性伤残补助金以外的工伤保险待遇。

20 哪些情形不得认定为工伤？

并非在劳动场所、工作时间内的所有伤害都可以算工伤，根据《工伤保险条例》的规定，职工有下列情形之一的，不得认定为工伤或者视同工伤：（1）故意犯罪的；（2）醉酒或者吸毒的；（3）自残或者自杀的。

21 工伤认定申请应当由谁提出？

《工伤保险条例》中规定，职工发生事故伤害或者按照职业病防治法规定被诊断、鉴定为职业病，所在单位应当自事故伤害发生之日或者被诊断、鉴定为职业病之日起30日内，向统筹地区社会保险行政部门提出工伤认定申请。遇有特殊情况，经报社会保险行政部门同意，申请时限可以适当延长。

用人单位未按规定提出工伤认定申请的，工伤职工或者其近亲属、工会组织在事故伤害发生之日或者被诊断、鉴定为职业病之日起1年内，可以直接向用人单位所在地统筹地区社会保险行政部门提出工伤认定申请。

22 提出工伤认定申请应当提交哪些材料？

《工伤保险条例》中规定，提出工伤认定申请应当提交下列材料：

（1）工伤认定申请表；

（2）与用人单位存在劳动关系（包括事实劳动关系）的证明材料；

（3）医疗诊断证明或者职业病诊断证明书（或者职业病诊断鉴定书）。工伤认定申请表应当包括事故发生的时间、地点、原因以及职工伤害程度等基本情况。

工伤认定申请人提供材料不完整的，劳动保障行政部门应当一次性书面告知工伤认定申请人需要补正的全部材料。申请人按照书面告知要求补正材料后，劳动保障行政部门应当受理。

23 什么是劳动能力鉴定?

《工伤保险条例》中规定，劳动能力鉴定是指劳动能力鉴定机构对劳动者在职业活动中因工负伤或患职业病后，根据国家工伤保险法规规定，在评定伤残等级时通过医学检查对劳动功能障碍程度（伤残程度）和生活自理障碍程度做出的判定结论。劳动能力鉴定是给予受伤害职工保险待遇的基础和前提条件，也是工伤保险管理工作的重要内容。劳动功能障碍分为十个伤残等级，最重的为一级，最轻的为十级。生活自理障碍分为三个等级：生活完全不能自理、生活大部分不能自理和生活部分不能自理。

24 工伤医疗待遇的内容有哪些?

《工伤保险条例》中规定，职工因工作遭受事故伤害或者患职业病进行治疗，享受工伤医疗待遇。职工治疗工伤应当在签订服务协议的医疗机构就医，情况紧急时可以先到就近的医疗机构急救。治疗工伤所需费用符合工伤保险诊疗项目目录、工伤保险药品目录、工伤保险住院服务标准的，从工伤保险基金中支付。

职工住院治疗工伤的伙食补助费，以及经医疗机构出具证明，报经办机构同意，工伤职工到统筹地区以外就医所需的交通、食宿费用从工伤保险基金支付，基金支付的具体标准由统筹地区人民政府规定。

工伤职工治疗非工伤引发的疾病，不享受工伤医疗待遇，按照基本医疗保险办法处理。

工伤职工到签订服务协议的医疗机构进行工伤康复的费用，符合规定的，从工伤保险基金支付。

工伤职工因日常生活或者就业需要，经劳动能力鉴定委员会确认，可以安装假肢、矫形器、假眼、假牙和配置轮椅等辅助器具，所需费用按照国家规定的标准从工伤保险基金中支付。

25 职工因工致残被鉴定为一级至四级伤残的享受什么待遇?

《工伤保险条例》中规定，职工因工致残被鉴定为一级至四级伤残的，保留劳动关系，退出工作岗位，享受以下待遇。

（1）从工伤保险基金中按伤残等级支付一次性伤残补助金，标准为：一级伤残为27个月的本人工资；二级伤残为25个月的本人工资；三级伤残为23个月的本人工资；四级伤残为21个月的本人工资。

（2）从工伤保险基金中按月支付伤残津贴，标准为：一级伤残为本人工资的90%；二级伤残为本人工资的85%；三级伤残为本人工资的80%；四级伤残为本人工资的75%。伤残津贴实际金额低于当地最低工资标准的，由工伤保险基金补足差额。

（3）工伤职工达到退休年龄并办理退休手续后，停发伤残津贴，按照国家有关规定享受基本养老保险待遇。基本养老保险待遇低于伤残津贴的，由工伤保险基金补足差额。

职工因工致残被鉴定为一级至四级伤残的，由用人单位和职工个人以伤残津贴为基数，缴纳基本医疗保险费。

26 职工因工致残被鉴定为五级、六级伤残的享受什么待遇?

《工伤保险条例》中规定，职工因工致残被鉴定为五级、六级伤残的，享受以下待遇。

（1）从工伤保险基金按伤残等级支付一次性伤残补助金，标准为：五级伤残为18个月的本人工资；六级伤残为16个月的本人工资。

（2）保留与用人单位的劳动关系，由用人单位安排适当工作。难以安排工作的，由用人单位按月发给伤残津贴，标准为：五级伤残为本人工资的70%；六级伤残为本人工资的60%，并由用人单位按照规定为其缴纳应缴纳的各项社会保险费。伤残津贴实际金额低于当地最低工资标准的，由用人单位补足差额。

经工伤职工本人提出，该职工可以与用人单位解除或者终止劳动关系，由用人单位支付一次性工伤医疗补助金和伤残就业补助金。

27 职工因工致残被鉴定为七级至十级伤残的享受什么待遇?

《工伤保险条例》中规定，职工因工致残被鉴定为七级至十级伤残的，享受以下待遇。

（1）从工伤保险基金按伤残等级支付一次性伤残补助金，标准为：七级伤残为13个月的本人工资；八级伤残为11个月的本人工资；九级伤残为9个月的本人工资；十级伤残为7个月的本人工资。

（2）劳动、聘用合同期满终止，或者职工本人提出解除劳动、聘用合同的，由工伤保险基金支付一次性工伤医疗补助金，由用人单位支付一次性伤残就业补助金。一次性工伤医疗补助金和一次性伤残就业补助金的具体标准由省、自治区、直辖市人民政府规定。

28 非法用工单位伤亡人员怎样得到赔偿?

2011年1月1日起施行的《非法用工单位伤亡人员一次性赔偿办法》中规定，非法用工单位伤亡人员，是指无营业执照或者未经依法登记、备案的单位以及被依法吊销营业执照或者撤销登记、备案的单位受到事故伤害或者患职业病的职工，或者用人单位使用童工造成的伤残、死亡。前款所列单位必须按照本办法的规定向伤残职工或者死亡职工的近亲属、伤残童工或者死亡童工的近亲属给予一次性赔偿。

一次性赔偿包括受到事故伤害或者患职业病的职工或童工在治疗期间的费用和一次性赔偿金。一次性赔偿金数额应当在受到事故伤害或者患职业病的职工或童工死亡或者经劳动能力鉴定后确定。

劳动能力鉴定按照属地原则由单位所在地设区的市级劳动能力鉴定委员会办理。劳动能力鉴定费用由伤亡职工或童工所在单位支付。

职工或童工受到事故伤害或者患职业病，在劳动能力鉴定之前进行治疗期间的生活费按照统筹地区上年度职工月平均工资标准确定，医疗费、护理费、住院期间的伙食补助费以及所需的交通费等费用按照《工伤保险条例》规定的标准和范围确定，并全部由伤残职工或童工所在单位支付。

29 非法用工单位伤亡人员得到一次性赔偿金的标准是多少？

《非法用工单位伤亡人员一次性赔偿办法》中规定，一次性赔偿金按照以下标准支付：一级伤残的为赔偿基数的 16 倍；二级伤残的为赔偿基数的 14 倍；三级伤残的为赔偿基数的 12 倍；四级伤残的为赔偿基数的 10 倍；五级伤残的为赔偿基数的 8 倍；六级伤残的为赔偿基数的 6 倍；七级伤残的为赔偿基数的 4 倍；八级伤残的为赔偿基数的 3 倍；九级伤残的为赔偿基数的 2 倍；十级伤残的为赔偿基数的 1 倍。

30 农民工如何参加工伤保险？

《劳动和社会保障部关于农民工参加工伤保险有关问题的通知》（劳社部发〔2004〕18 号）规定，农民工参加工伤保险、依法享受工伤保险待遇是《工伤保险条例》赋予包括农民工在内的各类用人单位职工的基本权益，各类用人单位招用的农民工均有享受工伤保险待遇的权利。各地要将农民工参加工伤保险作为工伤保险扩面的重要工作，明确任务，抓好落实。凡是与用人单位建立劳动关系的农民工，用人单位必须及时为他们办理参加工伤保险的手续。对用人单位为农民工先行办理工伤保险的，各地经办机构应予办理。

各级劳动保障部门要加大对农民工参加工伤保险的宣传和督促检查力度，积极为农民工提供咨询服务，促进农民工参加工伤保险。同时要认真做好工伤认定、劳动能力鉴定工作，对侵害农民工工伤保险权益的行为要严肃查处，切实保障农民工的合法权益。

31 农民工受到事故伤害或患职业病后在何地享受工伤保险待遇？

《劳动和社会保障部关于农民工参加工伤保险有关问题的通知》中规定，用人单位注册地与生产经营地不在同一统筹地区的，原则上在注册地参加工伤保险。未在注册地参加工伤保险的，在生产经营地参加工伤保险。农民工受到事故伤害或患职业病后，在参保地进行工伤认定、劳动能力鉴定，并按参保地的规定依法享受工伤保险待遇。用人单位在注册地和生产经营地均未参加工伤保险的，农民工受到事故伤害或者患职业病后，在生产经营地进行工伤认定、劳动能力鉴定，并按生产经营地的规定依法由用人单位支付工伤保险待遇。

32 跨省流动的农民工怎样享受工伤保险待遇?

《劳动和社会保障部关于农民工参加工伤保险有关问题的通知》中规定，对跨省流动的农民工，即户籍不在参加工伤保险统筹地区（生产经营地）所在省（自治区、直辖市）的农民工，1~4 级伤残长期待遇的支付，可试行一次性支付和长期支付两种方式，供农民工选择。在农民工选择一次性或长期支付方式时，支付其工伤保险待遇的社会保险经办机构应向其说明情况。一次性享受工伤保险长期待遇的，需由农民工本人提出，与用人单位解除或者终止劳动关系，与统筹

地区社会保险经办机构签订协议，终止工伤保险关系。1~4级伤残农民工一次性享受工伤保险长期待遇的具体办法和标准由省（自治区、直辖市）劳动保障行政部门制定，报省（自治区、直辖市）人民政府批准。

33 劳务派遣中被派遣农民工遭受工伤和职业病时如何解决?

在劳务派遣实践中被派遣劳动者发生工伤或职业病后，劳务派遣单位与用工单位之间责任主体不清，经常相互推诿，导致被派遣劳动者的工伤保险权益得不到有效保障。对此，《劳务派遣暂行规定》中明确，被派遣劳动者在用工单位因工作遭受事故伤害的，劳务派遣单位应当依法申请工伤认定，用工单位应当协助工伤认定的调查核实工作。劳务派遣单位承担工伤保险责任，但可以与用工单位约定补偿办法。

被派遣劳动者在申请进行职业病诊断、鉴定时，用工单位应当负责处理职业病诊断、鉴定事宜，并如实提供职业病诊断、鉴定所需的劳动者职业史和职业危害接触史、工作场所职业病危害因素检测结果等资料，劳务派遣单位应当提供被派遣劳动者职业病诊断、鉴定所需的其他材料。

34 从事非全日制工作的劳动者发生工伤时如何享受工伤保险待遇？

《关于非全日制用工若干问题的意见》中规定，用人单位应当按照国家有关规定为建立劳动关系的非全日制劳动者缴纳工伤保险费。从事非全日制工作的劳动者发生工伤，依法享受工伤保险待遇；被鉴定为伤残5~10级的，经劳动者与用人单位协商一致，可以一次性结算伤残待遇及有关费用。

根据2011年7月1日起施行的《实施〈中华人民共和国社会保险法〉若干规定》，职工（包括非全日制从业人员）在两个或者两个以上用人单位同时就业的，各用人单位应当分别为职工缴纳工伤保险费。职工发生工伤，由职工受到伤害时工作的单位依法承担工伤保险责任。

35 农民工可以参加失业保险吗，有何政策规定？

农民工可以参加失业保险。《失业保险条例》也有明确的规定：凡是属于用工单位与农民工建立稳定的劳动关系的，都应该参加失业保险。但农民工和其他职工参加失业保险的办法略有一点区别：一是农民工个人不用缴费，用人单位按个人工资总额的2%缴费，其他职工个人也要缴本人工资的1%，但农民工不用缴；二是在领取失业保险金的时候，农民工非本人意愿失业的话，可以把其应得的保险作为生活补助费一次性领取，这主要是考虑到农民工个人在城乡之间来回流动的问题，而其他职工必须按月领取。

36 在什么情况下可以享受失业保险待遇？

（1）按照规定参加失业保险，所在单位和本人已按照规定履行缴费义务满1年。

（2）非因本人意愿中断就业，即失业人员不愿意中断就业，但因本人无法控制的原因而被迫中断就业。劳动保障部发布的《失业保险金申领发放办法》对哪些情形属于非因本人意愿中断就业作了规定，主要包括：终止劳动合同；职工被用人单位解除劳动合同；职工被用人单位开除、除名和辞退的；用人单位违法或违反劳动合同导致职工辞职。出现上述情形造成职工失业的，职工有权申领失业保险金。

（3）已办理失业登记，并有求职要求。办理失业登记是为了掌握失业人员的基本情况，确认其资格；有求职要求，是考虑到失业保险的一个重要功能，是促进失业人员再就业。这是享受失业保险待遇的一个前提。

37 用人单位不给农民工缴纳失业保险，该怎么办？

如果用人单位没有给农民工缴纳失业保险费，致使农民工失业以后不能享受到失业保险待遇，农民工可以到失业保险经办机构或劳动保障监察机构进行举报，经办机构和监察机构都有义务督促用人单位替农民工缴纳失业保险。用人单位为农民工缴纳了失业保险费，农民工符合申领条件的话，应该到所在地的社保经办机构或就业服务机构申领失业保险金。

38 什么是生育保险，哪些人应参加生育保险？

社会生育保险是国家针对女性生育行为、生育特点，通过国家强制手段征集生育基金，为怀孕和分娩的职业妇女及时提供经济帮助，保障参保母子的基本生活和健康，确保社会人口再生产和妇女、儿童权益的一项社会保障制度。

2011年7月30日国务院颁布的《中国妇女发展纲要（2011—2020年）》中提出，城乡生育保障制度进一步完善，生育保险覆盖所有用人单位，妇女生育保障水平稳步提高。因此，中华人民共和国境内的国家机关、人民团体、企事业单位和各类城镇企业，其中包括了国有企业、集体企业、外资企业、股份制企业、私营企业等都应该参加生育保险。

39 生育保险待遇包括哪些内容?

（1）产假。产假是指女职工在分娩前后的一定时间内所享受的有薪假期，其宗旨在于恢复和增进产妇的身体健康、工作能力及料理个人生活的能力，并使婴儿得到母亲的精心照顾和哺育。2012年4月18日国务院颁布的《女职工劳动保护特别规定》指出，女职工生育享受98天的产假，其中产前可以休假15天；难产的，增加产假15天；生育多胞胎的，每多生育一个婴儿，增加产假15天。

（2）生育津贴。生育津贴指在女职工因生育而离开工作岗位、不再从事有报酬的工作以致收入中断时，给予定期的现金补助，以维护和保障妇女及婴儿的正常生活。生育津贴即为产假工资，相当于女职工在生育期间的工资，是由生育保险基金支付的。

（3）医疗服务。医疗服务指由医院、开业医生或助产

士为职业妇女提供的妊娠、分娩和产后的医疗照顾，以及必须的住院治疗。定期对孕妇进行体检，并提供从怀孕到分娩的一系列医疗服务，以了解孕妇身体健康状况和胎儿成长情况。《企业职工生育保险试行办法》中规定，女职工生育期间的检查费、接生费、手术费、住院费和药费由生育保险基金支付，女职工流产按照规定享受有关生育保险待遇。出院后，因生育引起疾病的医疗费也由生育保险基金支付。

40 农民工如何参加生育保险?

目前我国的生育保险制度还没有普遍建立，各地工作进展不平衡。从各地制定的规定来看，有的地区没有将农民工纳入生育保险覆盖范围，有的地区则将农民工纳入了生育保险覆盖范围。如果农民工所在地区将农民工纳入了生育保险覆盖范围，农民工所在单位应按规定为农民工参加生育保险并缴纳生育保险费，符合规定条件的生育农民工依法享受生育保险待遇。

41 农民工子女是否可以在城市上学?

《国务院关于进一步做好为农民工服务工作的意见》中规定，输入地政府要将符合规定条件的农民工随迁子女教育纳入教育发展规划，合理规划学校布局，科学核定公办学校教师编制，加大公办学校教育经费投入，保障农民工随迁子女平等接受义务教育的权利。公办义务教育学校要普遍对农民工随迁子女开放，与城镇户籍学生混合编班，统一管理。积极创造条件着力满足农民工随迁子女接受普惠性学前教育的需求。对在公益性民办学校、普惠性民办幼儿园接受义务教育、学前教育的，采取政府购买服务等方式落实支持经费，

指导和帮助学校、幼儿园提高教育质量。各地要进一步完善和落实好符合条件的农民工随迁子女接受义务教育后在输入地参加中考、高考的政策。开展关爱流动儿童活动。

2014年教育部下发的《关于做好无学籍流动学生管理工作的通知》也明确提出，学生在流入地必须先具备入学资格，入学后才能建立学籍；在不合格学校就读的，不能建立学籍；没有学籍回户籍地就读的，户籍地学校必须依法接收并建立学籍。例如，北京市就针对非本市户籍适龄儿童少年坚持“五证”审核要求。要求各区公开、规范工作程序，确保符合条件的随迁务工人员子女入学。

42 如何解决农民工在城市的住房问题？

《国务院关于进一步做好为农民工服务工作的意见》中规定，要逐步改善农民工居住条件。统筹规划城镇常住人口规模和建设用地面积，将解决农民工住房问题纳入住房发展规划。

（1）支持增加中小户型普通商品住房供给，规范房屋租赁市场，积极支持符合条件的农民工购买或租赁商品住房，并按规定享受购房契税和印花税等优惠政策。完善住房保障制度，将符合条件的农民工纳入住房保障实施范围。

（2）加强城中村、棚户区环境整治和综合管理服务，使居住其中的农民工住宿条件得到改善。

（3）农民工集中的开发区、产业园区可以按照集约用地的原则，集中建设宿舍型或单元型小户型公共租赁住房，面向用人单位或农民工出租。允许农民工数量较多的企业在符合规划和规定标准的用地规模范围内，利用企业办公及生活服务设施用地建设农民工集体宿舍，督促和指导建设施工企业改善农民工住宿条件。

（4）逐步将在城镇稳定就业的农民工纳入住房公积金制度实施范围。

第五章

劳动安全受保护 女工童工享特殊

01 用人单位应当怎样保障劳动者的安全卫生权利得到实现？

根据《劳动法》的规定，用人单位必须建立、健全劳动安全卫生制度，严格执行国家劳动安全卫生规程和标准，对劳动者进行劳动安全卫生教育，防止劳动过程中的事故，减少职业危害。劳动安全卫生设施必须符合国家规定的标准。新建、改建、扩建工程的劳动安全卫生设施必须与主体工程同时设计、同时施工、同时投入生产和使用。

用人单位必须为劳动者提供符合国家规定的劳动安全卫生条件和必要的劳动防护用品，对从事有职业危害作业的劳动者应当定期进行健康检查。

02 劳动者在安全生产方面有什么权利和义务?

根据《劳动法》的规定，劳动者对用人单位管理人员违章指挥、强令冒险作业，有权拒绝执行；对危害生命安全和身体健康的行为，有权提出批评、检举和控告。

劳动者在作业过程中要做到“四不伤害”：不伤害自己；不伤害他人；不被他人伤害；我保护他人不受伤害。要实现这个目标，不仅各级领导和施工企业要做出努力，更要靠千千万万在现场作业一线的广大职工。

劳动者必须提高自我保护的意识和本领，作业时懂得怎样保护自己，出现险情或异常情况，能够应变，做到“不伤害自己”。现场施工是群体作业，相互配合，还要注意不伤害他人。自己在高空作业，要注意下面是否有人；机器还在运转，自己擅离岗位，要想到会给他人造成危险；自己的工序没有尽职尽责，会给下面工序留下隐患等。人人注意安全，安全才能有保障。

03 劳动合同对劳动报酬和劳动条件约定不明的怎么办?

劳动合同对劳动报酬和劳动条件等标准约定不明确，引发争议的，劳动者可以与用人单位重新协商，达到一致。如果协商不成，采取以下方法来确定：

（1）劳动报酬和劳动条件等标准适用集体合同规定；

（2）没有集体合同或者集体合同没有规定劳动报酬的，实行同工同酬；

（3）没有集体合同或者集体合同没有规定劳动条件等标准的，适用国家有关规定。

04 如遇生产经营单位违章指挥作业、强令冒险作业，从业人员怎么办?

《中华人民共和国安全生产法》（以下简称《安全生产法》）明确规定，从业人员有权对本单位安全生产工作中存在的问题提出批评、检举、控告；有权拒绝违章指挥和强令冒险作业。生产经营单位不得因从业人员对本单位安全生产工作提出批评、检举、控告或者拒绝违章指挥、强令冒险作

业而降低其工资、福利等待遇或者解除与其订立的劳动合同。

只是现实生活中，职工碍于单位以辞退、降低工资等威慑，难以有自主权，这时候可以寻求工会组织帮助。工会有权要求纠正生产经营单位违反安全生产法律、法规，侵犯从业人员合法权益的行为；发现生产经营单位违章指挥、强令冒险作业或者发现事故隐患时，有权提出解决的建议，生产经营单位应当及时研究答复；发现危及从业人员生命安全的情况时，有权向生产经营单位建议组织从业人员撤离危险场所，生产经营单位必须立即做出处理。

05 生产经营单位与从业人员签订的“生死合同”是否有效?

《安全生产法》对劳动合同的安全条款做了明确规定：生产经营单位不得以任何形式与从业人员订立协议，免除或者减轻其对从业人员因生产安全事故伤亡依法应承担的责任。

“生死合同”

指的是用人单位免除自己的一切安全生产责任，将保护劳动者的安全、健康完全排除在单位义务之外的协议。这种合同无法保障劳动者的合法权益，对劳动者合法权利进行践踏，因而是违反法律的，为无效合同。

《职业病防治法》也规定，用人单位与劳动者订立劳动合同时，应当将工作过程中可能产生的职业病危害及其结果、职业病防护措施和待遇等如实告知劳动者，并在劳动合同中写明，不得隐瞒或者欺骗。

《劳动法》第 18 条规定，违反法律、行政法规的劳动合同无效。因此，只要生产经营单位与从业人员签订此类生死合同，不管从业人员自愿还是被迫，该劳动合同都因为违反了法律规定而无效。因此，对从业人员因安全生产事故造成的伤亡，生产经营单位仍需承担责任。

06 矿山企业职工享有哪些权利，应履行哪些义务？

矿山企业职工享有下列权利：

（1）有权获得作业场所安全与职业危害方面的信息；

（2）有权向有关部门和工会组织反映矿山安全状况和存在的问题；

（3）对任何危害职工安全健康的决定和行为，有权提出批评、检举和控告。

矿山企业职工应当履行下列义务：

（1）遵守有关矿山安全的法律、法规和企业规章制度；

（2）维护矿山企业的生产设备、设施；

（3）接受安全教育和培训；

（4）及时报告危险情况，参加抢险救护。

07 生产经营单位发生安全事故时，应如何承担赔偿责任？

《安全生产法》第111条规定：“生产经营单位发生生产安全事故造成人员伤亡、他人财产损失的，应当依法承担赔偿责任；拒不承担或者其负责人逃匿的，由人民法院依法强制执行。”

“生产安全事故的责任人未依法承担赔偿责任，经人民法院依法采取执行措施后，仍不能对受害人给予足额赔偿的，应当继续履行赔偿义务；受害人发现责任人有其他财产的，可以随时请求人民法院执行。”

事故损害赔偿的构成要件是：责任主体必须是生产经营单位；违法事实，即生产经营单位有安全生产违法行为；损害事实，即安全生产违法引发的事故造成了本单位从业人员的伤亡和不特定的其他人员的生命、财产损失。事故损害赔偿需要首先确定民事责任，而赔偿的具体标准必须按照民事法律的有关规定，不能任意提高或者降低民事赔偿标准。

根据《民事诉讼法》规定，发生法律效力的民事判决书、调解书，当事人双方必须严格履行，一方拒绝履行的，对方当事人可以向法院申请强制执行。

08 如何依法保障农民工的安全生产和职业健康权益？

《国务院关于进一步做好为农民工服务工作的意见》规定，强化高危行业和中小企业一线操作农民工安全生产和职业健康教育培训，将安全生产和职业健康相关知识纳入职业技能教育培训内容。严格执行特殊工种持证上岗制度、安全生产培训与企业安全生产许可证审核相结合制度。督促企业对接触职业病危害的农民工开展职业健康检查、建立监护档案。建立重点职业病监测点，完善职业病诊断、鉴定、治疗的法规、标准和机构。重点整治矿山、工程建设等领域农民工工伤多发问题。实施农民工职业病防治和帮扶行动，深入开展粉尘与高毒物品危害治理，保障符合条件的无法追溯用人单位及用人单位无法承担相应责任的农民工职业病患者享受相应的生活和医疗待遇。

09 什么是职业病？

职业病是企业、事业单位和个体经济组织等用人单位的劳动者在职业活动中，因接触粉尘、放射性物质或其他有毒、有害因素而引起的疾病。

在我国，法定职业病有两个条件：（1）必须经过诊断的程序确认（确诊）的疾病；（2）必须是国家公布的《职业病目录》确定的疾病。劳动者所患疾病不具备这两个条件的，就不能认定为职业病。

国家规定的职业病有十大类、115种，主要包括：（1）尘肺病；（2）职业性放射性疾病；（3）职业中毒；（4）物理因素所致职业病；（5）生物因素所致职业病；（6）职业性皮肤病；（7）职业性眼病；（8）职业性耳鼻喉口腔疾病；（9）职业性肿瘤；（10）其他职业病。

10 怎样改善农民工的安全生产条件？

为了贯彻《国务院办公厅关于做好农民进城务工就业管理和服务工作的通知》的规定，各地区、各有关部门要高度重视农民工的生产安全和职业病防治问题。使用农民工的单位，必须按照国家标准和行业要求，为农民工提供必要的安全生产设施、劳动保护条件及职业病防治措施。从事矿山、建筑和危险物品生产经营作业的农民工上岗前必须依法接受培训。要严格执行安全生产规章制度，加大生产安全监察工作力度，严防重大生产安全事故的发生。要做好将农民工纳入工伤保险范围的工作。发生生产安全事故要严格追究事故责任人的法律责任，并保证在事故中受到损害的农民工依法享有各项工伤保险待遇。

11 怎样改善农民工的生活条件？

《国务院办公厅关于做好农民进城务工就业管理和服务工作的通知》中规定，要关心农民工的生活，切实解决他们的实际困难。卫生部门要做好农民工的计划免疫和健康教育工作，建立农民工集中居住地的环境卫生和食物安全检查制度，严防发生群体疫病传染和食物中毒事件。用人单位为农民工安排的宿舍，必须具备一定的卫生条件，并保证农民工的人

身安全。在农民工居住较集中的地段，当地政府应提供必要的基础设施，改善公共交通和环境卫生状况。有条件的地方可探索农民工参加医疗保险等具体办法，帮助他们解决务工就业期间的医疗等特殊困难。

12 国家对女职工的特殊劳动保护措施有哪些？

我国《劳动法》和《女职工劳动保护特别规定》对女职工的特殊劳动保护都作了相应的规定。

其中《劳动法》规定，国家对女职工实行特殊劳动保护。禁止安排女职工从事矿山井下、国家规定的第四级体力劳动强度的劳动和其他禁忌从事的劳动。不得安排女职工在经期从事高处、低温、冷水作业和国家规定的第三级体力劳动强度的劳动。不得安排女职工在怀孕期间从事国家规定的第三级体力劳动强度的劳动和孕期禁忌从事的劳动。对怀孕 7 个月以上的女职工，不得安排其延长工作时间和夜班劳动。

《女职工劳动保护特别规定》中指出，女职工在孕期不能适应原劳动的，用人单位应当根据医疗机构的证明，予以减轻劳动量或者安排其他能够适应的劳动。对怀孕7个月以上的女职工，用人单位不得延长劳动时间或者安排夜班劳动，并应当在劳动时间内安排一定的休息时间。怀孕女职工在劳动时间内进行产前检查，所需时间计入劳动时间。

13 国家对未成年工实行特殊劳动保护的措施有哪些？

根据《劳动法》的规定，国家对未成年工施行特殊劳动保护。未成年工是指年满16周岁未满18周岁的劳动者。

不得安排未成年工从事矿山井下、有毒有害、国家规定的第四级体力劳动强度的劳动和其他禁忌从事的劳动。

用人单位应当对未成年工定期进行健康检查。

14 如何依法保障女职工和未成年工的特殊权益？

切实保护女工和未成年工权益，严格禁止使用童工。用人单位要依法保护女工的特殊权益，不得以性别为由拒绝录用女工或提高女工录用标准，不得安排女工从事禁忌劳动范围的工作，不得在女工孕期、产期、哺乳期降低其基本工资或单方面解除劳动合同。

招用未成年工的用人单位，应当在工种、劳动时间、劳动强度和保护措施等方面严格执行国家有关规定。对介绍和使用童工的违法行为要从严惩处。

15 什么是女职工“四期”保护？

女职工“四期”保护是对女性生理机能变化过程即经期、

孕期、产期、哺乳期的劳动保护，主要包括女职工在“四期”禁忌从事的劳动，对孕期、哺乳期延长劳动时间和夜班劳动的限制，产期和哺乳假等规定。女性生理机能决定了女职工有月经、怀孕、生育、哺乳等生理变化，导致女职工在劳动作业能力上发生一定变化，需要特别的保护。

16 女职工劳动权益受到侵害时如何维护自己的正当权益？

女职工要增强法律意识和自我保护意识，根据不同侵权行为和侵权内容，依照《劳动法》《劳动合同法》《中华人民共和国妇女权益保障法》（以下简称《妇女权益保障法》）、《女职工劳动保护特别规定》等多部法律法规维护自身合法权益。广大女职工可以通过以下途径依法维护自身的正当权益：

（1）向工会及工会女职工组织寻求帮助；

（2）向所在单位和地方的劳动调解委员会和劳动争议仲裁委员会申请调解和仲裁；

（3）可以要求有

关主管部门处理；

（4）可以向人民法院提起诉讼。

17 用人单位招用童工会承担什么法律后果？

《劳动法》《中华人民共和国未成年人保护法》（以下简称《未成年人保护法》）都明令禁止用人单位招用未满 16 周岁的未成年人，为打击招收童工的违法行为，也为了保护未成年人利益，国家对童工的工伤赔偿采用了惩罚性标准，大大高于普通工伤及人身损害的补偿性标准。

《工伤保险条例》第 63 条规定，用人单位不得使用童工，用人单位使用童工造成童工伤残、死亡的，由该单位向童工或者童工的直系亲属给予一次性赔偿，赔偿标准不得低于本条例规定的工伤保险待遇。

在《非法用工单位伤亡人员一次性赔偿办法》中，将一次性赔偿金的标准进行了明确的规定。

18 用人单位侵犯未成年工和女职工权益的应怎样处罚?

《劳动保障监察条例》第 23 条规定，用人单位有下列行为之一的，由劳动保障行政部门责令改正，按照受侵害的劳动者每人 1000 元以上 5000 元以下的标准计算，处以罚款：

（1）安排女职工从事矿山井下劳动、国家规定的第四级体力劳动强度的劳动或者其他禁忌从事的劳动的；

（2）安排女职工在经期从事高处、低温、冷水作业或者国家规定的第三级体力劳动强度的劳动的；

（3）安排女职工在怀孕期间从事国家规定的第三级体力劳动强度的劳动或者孕期禁忌从事的劳动的；

（4）安排怀孕 7 个月以上的女职工夜班劳动或者延长其工作时间的；

（5）女职工生育享受产假少于 90 天的；

（6）安排女职工在哺乳未满 1 周岁的婴儿期间从事国家规定的第三级体力劳动强度的劳动或者哺乳期禁忌从事的其他劳动，以及延长其工作时间或者安排其夜班劳动的；

（7）安排未成年工从事矿山井下、有毒有害、国家规定的第四级体力劳动强度的劳动或者其他禁忌从事的劳动的；

（8）未对未成年工定期进行健康检查的。

用人单位违反《女职工劳动保护特别规定》附录第3条、第4条的，由县级以上人民政府安全生产监督管理部门责令限期治理，处5万元以上30万元以下的罚款；情节严重的，责令停止有关作业，或者提请有关人民政府按照国务院规定的权限责令关闭。

第六章

争议处理分程序
法律援助可申请

01 什么是劳动争议?

劳动争议又称劳动纠纷、劳资争议或劳资纠纷。它是指依法建立劳动关系的用人单位和劳动者之间，因劳动权益和义务问题产生的分歧而引发的争议。

劳动争议必须具备以下特征：劳动争议主体是用人单位和劳动者；劳动争议主体之间必须存在劳动关系，即劳动者与用人单位有隶属性劳动关系，同时劳动争议是因劳动就业、劳动合同、劳动报酬、工作时间和休息时间、劳动安全与卫生、社会保险与福利、职业培训等问题引起的争议。

02 劳动争议处理范围有哪些?

（1）企业开除、除名、辞退职工和职工辞职、自动离职发生的争议。

（2）企业职工流动、停薪留职、从事第二职业发生的争议。

（3）执行国家和本市有关工资（含津贴和补贴）的规定发生的争议。

（4）因执行国家和本市有关养老保险、失业保险、工伤保险、医疗保险、生育保险和病假待遇、死亡、丧葬抚恤的规定发生的争议。

（5）因执行国家和本市有关集体福利费、交通补助费、探亲路费、取暖补贴、生活困难补助费等福利待遇的规定发生的争议。

（6）因执行国家和本市有关职业技术培训的规定，职工在职期间参加各类专业学校和各种技术培训班、进修班的培训及相关的培训合同、培训费等发生的争议。

（7）因执行国家和本市有关工作时间、休息时间、休假制度、劳动安全卫生、女职工劳动保护、未成年人劳动保护等规定发生的争议。

（8）因履行、变更、续订、解除、终止劳动合同发生的争议。

（9）法律、法规、规章规定的其他劳动争议。

03 农民工容易发生哪些劳动争议?

由于农民工流动性大、职业技能相对偏低、法律意识不强，一些用人单位招用农民工也不规范，农民工容易发生如下争议。

(1) 劳动合同争议。一些用人单位在招用农民工时，往往不与其签订劳动合同，或者签订的劳动合同条款不完备，在劳动关系存续期间容易发生履行、解除劳动合同的争议以及因事实劳动关系引发的争议。

(2) 工资争议。农民工工资报酬比较低，容易出现低于最低工资标准的现象。同时，拖欠、克扣工资以及超时劳动不支付加班加点报酬的争议也容易发生。

(3) 工伤争议。一些用人单位的劳动安全和劳动保护措施不健全，对农民工也缺乏必要的劳动技能培训和安全生产教育，容易发生工伤事故。

(4) 社会保险争议。农民工也应按照有关规定参加社会保险。

（5）收取抵押金、保证金和身份证等引发的争议。

04 发生了劳动争议该如何处理?

在我国，劳动争议的处理方式有四种：协商、调解、仲裁、诉讼。其中，协商并不是处理劳动争议的法定必经程序，当事人可以选择协商，也可以越过协商，直接进入法定程序。而根据《中华人民共和国劳动争议调解仲裁法》（以下简称《劳动争议调解仲裁法》）的规定，职工可以通过以下几种法定方式提起劳动争议处理：

（1）向劳动争议调解组织（企业调解委员会、依法设立的基层人民调解组织和乡镇、街道设立的具有劳动争议调解职能的组织）申请调解；

（2）向当地劳动争议仲裁委员会申请仲裁；

（3）向人民法院提起诉讼。

以上几种形式的先后顺序为：发生劳动争议，职工可以向调解组织申请调解，不愿意调解或调解不成的可以向劳动争议仲裁委员会申请仲裁；对仲裁裁决不服的，除部分劳动争议案件有条件实行“一裁终局”外，可以向人民法院提起诉讼。

05 什么是劳动争议调解，调解需要收费吗？

劳动争议调解是在劳动争议处理机构的主持下，依照法律、法规和政策规定，在查明事实、明辨是非、分清责任的基础上，通过说服引导，劝说争议双方当事人互谅互让，达成协议，从而解决劳动争议的活动。劳动争议调解是调解方式在劳动争议案件处理过程中的具体运用。

劳动争议调解组织调解劳动争议是不收取当事人任何费用的，劳动争议调解组织的经费由企业负担。

06 我国有哪些劳动争议调解组织？

《劳动争议调解仲裁法》中规定，发生劳动争议，当事人可以到下列调解组织申请调解：

（1）企业劳动争议调解委员会；

（2）依法设立的基层人民调解组织；

（3）在乡镇、街道设立的具有劳动争议调解职能的组织。

07 劳动争议调解的流程是怎样的?

劳动争议调解要由当事人向劳动争议调解组织提出申请。当事人的申请可以是书面申请，也可以是口头申请。口头申请的，调解组织应当当场记录申请人基本情况、申请调解的争议事项、理由和时间。

调解劳动争议，应当充分听取双方当事人对事实和理由的陈述，耐心疏导，帮助其达成协议。经调解达成协议的，应当制作调解协议书。调解协议书由双方当事人签名或者盖章，经调解员签名并加盖调解组织印章后生效，对双方当事人具有约束力，当事人应当履行。

自劳动争议调解组织收到调解申请之日起 15 日内未达成调解协议的，当事人可以依法申请仲裁。

08 企业劳动争议调解委员会怎样组成?

企业劳动争议调解委员会作为依法设立的、专门调解本企业劳动争议的群众组织，通过依法履行职责来维护本企业与职工的合法权益。

调解委员会的办事机构一般设在企业工会。调解委员会由下列人员组成：（1）职工代表；（2）企业代表；（3）企业工会代表。

企业劳动争议调解委员会由职工代表和企业代表组成。职工代表由工会成员担任或者由全体职工推举产生，企业代表由企业负责人指定。企业劳动争议调解委员会主任由工会成员或者双方推举的人员担任。

09 劳动者所在单位没有劳动争议调解委员会的怎么办？

劳动者所在的用人单位没有劳动争议调解委员会，劳动者又想通过调解解决与用人单位的争议，则劳动者可以到当地的区域性劳动争议调解指导委员会申请调解。根据相关规定，工会可以在城镇和乡镇企业集中的地方设立区域性劳动争议调解指导委员会，该委员会指导本区域内劳动争议调解委员会的调解工作，并调解未设调解组织的用人单位的劳动争议。

10 什么是人民调解委员会，其组成人员有哪些？

2011 年 1 月 1 日起施行的《中华人民共和国人民调解法》中规定，人民调解委员会是依法设立的调解民间纠纷的群众性组织。村民委员会、居民委员会设立人民调解委员会，企业事业单位根据需要设立人民调解委员会。人民调解委员会通过说服、疏导等方法，促使当事人在平等协商基础上自愿达成调解协议，解决民间纠纷。

人民调解委员会由委员 3~9 人组成，设主任 1 人，必要时，可以设副主任若干人。人民调解委员会应当有妇女成员，多民族居住的地区应当有人数较少民族的成员。

11 什么是劳动争议仲裁，仲裁需要收费吗?

劳动争议仲裁是指法律授权的专门机构——劳动争议仲裁委员会，根据当事人的申请，遵循法律规定的原则和程序，对劳动关系双方发生的劳动争议进行调解或裁决的一项劳动法律制度。它是通过法律途径解决劳动争议的必经程序。

自从《劳动争议调解仲裁法》实施后，劳动争议仲裁不再收费。劳动争议仲裁委员会的经费由财政予以保障。这一规定大大减轻了争议当事人尤其是职工的负担，降低了职工的维权成本。

12 劳动争议仲裁的管辖应如何确定?

劳动争议仲裁管辖，是指各级劳动争议仲裁委员会之间，同级劳动争议仲裁委员会之间，受理劳动争议案件的分工和权限。根据《劳动争议调解仲裁法》的规定，我国劳动争议仲裁委员会管辖劳动争议实行地域关系，不实行级别管辖。

劳动争议仲裁委员会负责管辖本区域内发生的劳动争议。即市、区、县区域内发生的劳动争议，由该县、市、区的劳动争议仲裁委员会负责处理。

如果劳动合同履行地和用人单位的所在地分属不同的劳动争议仲裁委员会，而双方当事人又分别向劳动合同履行地和用人单位所在地的劳动争议仲裁委员会申请仲裁的，由劳动合同履行地的劳动争议仲裁委员会管辖。

13 当事人能否委托代理人参加仲裁活动?

劳动争议仲裁委托代理人是指接受当事人、法定代理人的委托，以当事人的名义，在当事人或其法定代理人授权的范围内代为从事仲裁活动的人。在劳动争议仲裁过程中，职工当事人可以委托工会工作者、律师、法律援助人员等作为其代理人，参与仲裁活动。

无民事行为能力的和限制民事行为能力的职工或者劳动者死亡的，可以由其法定代理人代为参加仲裁活动；没有法定代理人的，由仲裁委员会为其指定代理人代为参加仲裁活动。当事人双方可以自行和解。

14 劳动争议仲裁的程序是怎样的?

（1）申请人申请仲裁应当提交书面仲裁申请，并按照被申请人人数提交副本。劳动争议仲裁委员会收到仲裁申请之日起5日内，认为符合受理条件的，应当受理，并通知申请人；认为不符合受理条件的，应当书面通知申请人不予受理，并说明理由。

（2）劳动争议仲裁委员会受理仲裁申请后，应当在5日内将仲裁申请书副本送达被申请人。被申请人收到仲裁申请书副本后，应当在10日内向劳动争议仲裁委员会提交答辩书。

仲裁庭应当在开庭5日前，将开庭日期、地点书面通知双方当事人。当事人有正当理由的，可以在开庭3日前请求延期开庭。是否延期，由劳动争议仲裁委员会决定。

裁决书应当载明仲裁请求、争议事实、裁决理由、裁决结果和裁决日期。裁决书由仲裁员签名，加盖劳动争议仲裁委员会印章。对裁决持不同意见的仲裁员，可以签名，也可以不签名。

15 申请仲裁的时效该如何计算?

《劳动争议调解仲裁法》第27条规定：“劳动争议申请仲裁时效期间为一年。”但这个时间是从“当事人知道或者应当知道其权利被侵害之日”作为起始点开始计算的。

“知道或者应当知道其权利被侵害之日”一般是指有证据表明权利人知道自己的权利被侵害的日期，或者根据常理、一般规律或者权利人所处环境能推定权利人知道自己的权利被侵害的日期。

16 仲裁庭处理劳动争议的期限有何规定?

劳动争议仲裁期限是劳动争议仲裁委员会办理劳动争议案件的法定时间限制。《劳动争议调解仲裁法》第 43 条规定这个期限是从劳动争议仲裁委员会收到劳动争议当事人的仲裁申请之日起开始计算。

仲裁期限应当自收到仲裁申请之日起 45 日内结束。案情复杂需要延期的，延长期限不得超过 15 日。可见，仲裁期限最长不得超过 60 日。如果仲裁庭逾期不做出裁决，当事人可以直接向人民法院提起诉讼。

17 在劳动争议仲裁案件中哪些情况可以先予执行?

劳动争议仲裁委员会在对追索劳动报酬、工伤医疗费、经济补偿或者赔偿金等劳动争议案件做出终结裁决之前，根据劳动者的申请，可以裁决先予执行，移送人民法院执行。

仲裁庭裁决先予执行的，应当符合下列条件：

（1）当事人之间权利义务关系明确；

（2）不先予执行将严重影响申请人的生活。

劳动者申请先予执行的，可以不提供担保。

18 劳动争议仲裁机构应怎样处理拖欠农民工工资的案件？

劳动者可以向劳动仲裁部门申请劳动仲裁，并要求支付拖欠的工资以及经济补偿金。对拖欠农民工工资问题申请仲裁的案件，应当优先受理、快速处理。

19 什么是劳动争议诉讼？

劳动争议诉讼是指当事人不服仲裁裁决，或者对劳动争议仲裁委员会不予受理或逾期未做出决定的，在法定期限内向人民法院起诉，人民法院依法进行审理和判决的活动。目前，我国劳动争议诉讼案件由人民法院依照《中华人民共和国民事诉讼法》的规定进行审理。

20 当事人不服仲裁如何提起劳动争议诉讼？

根据《劳动法》的规定，劳动争议当事人对仲裁裁决不服的，可以自收到仲裁裁决书之日起 15 日内向人民法院提起诉讼。按照我国的劳动争议处理制度，当事人的劳动争议必须先经过仲裁程序，在对仲裁裁决不服的情况下，才可以提起诉讼。如果劳动争议没有经过仲裁，当事人无权向人民法院提起诉讼。

21 提起劳动争议诉讼的当事人应当符合什么条件？

提起劳动争议诉讼的当事人应符合以下条件：

（1）起诉人必须是劳动争议的当事人，即发生争议案件的用人单位和劳动者。当事人可以委托代理人或者律师代其提起诉讼和应诉，未经当事人委托的人无权就争议的案件起诉和应诉。

（2）当事人向人民法院起诉，必须指明是谁侵害了其劳动权益、与其发生了劳动争议。

（3）当事人请求法院保护自己的合法权益必须有具体的诉讼请求和事实、理由，即具体内容及相关证据。

（4）当事人已经得到了劳动争议仲裁程序处理。包括不服仲裁裁决，仲裁委员会不予受理、逾期未做出决定或逾期做出裁决等情形。

（5）当事人起诉应当向有管辖权的人民法院提出。劳动争议案件一般应向对案件做出仲裁裁决的仲裁委员会所在地的人民法院起诉。

22 当事人不服劳动争议仲裁委员会裁决的哪些劳动争议可以依法向人民法院起诉？

根据《最高人民法院关于审理劳动争议案件适用法律若干问题的解释》的规定，劳动者与用人单位之间发生的下列纠纷，属于《劳动法》第2条规定的劳动争议，当事人不服劳动争议仲裁委员会做出的裁决，依法向人民法

院起诉的，人民法院应当受理：

（1）劳动者与用人单位在履行劳动合同过程中发生的纠纷；

（2）劳动者与用人单位之间没有订立书面劳动合同，但已形成劳动关系后发生的纠纷；

（3）劳动者退休后，与尚未参加社会保险统筹的原用人单位因追索养老金、医疗费、工伤保险待遇和其他社会保险费而发生的纠纷。

23 当事人不服仲裁委员会仲裁申请超限的裁决能否向人民法院起诉?

根据《最高人民法院关于审理劳动争议案件适用法律若干问题的解释》的规定，劳动争议仲裁委员会根据《劳动法》第 82 条之规定，以当事人的仲裁申请超过 60 日期限为由，做出不予受理的书面裁决、决定或者通知，当事人不服，依法向人民法院起诉的，人民法院应当受理；对确已超过仲裁申请期限，又无不可抗力或者其他正当理由的，依法驳回其诉讼请求。

24 哪些劳动争议应当由用人单位负举证责任?

根据《最高人民法院关于审理劳动争议案件适用法律若

干问题的解释》的规定，因用人单位做出的开除、除名、辞退、解除劳动合同、减少劳动报酬、计算劳动者工作年限等决定而发生的劳动争议，由用人单位负举证责任。

25 劳动合同无效时用人单位应怎样支付劳动者的报酬和赔偿劳动者的损失？

根据《最高人民法院关于审理劳动争议案件适用法律若干问题的解释》第 14 条的规定，劳动合同被确认为无效后，用人单位对劳动者付出的劳动，一般可参照本单位同期、同工种、同岗位的工资标准支付劳动报酬。根据《劳动法》第 97 条之规定，由于用人单位的原因订立的无效合同，给劳动者造成损害的，应当比照违反和解除劳动合同经济补偿金的支付标准，赔偿劳动者因合同无效所造成的经济损失。

26 在何种情形下劳动者被迫解除劳动合同可以要求用人单位支付劳动报酬和经济赔偿？

根据《最高人民法院关于审理劳动争议案件适用法律若干问题的解释》的规定，用人单位有下列情形之一、迫使劳动者提出解除劳动合同的，用人单位应当支付劳动者的劳动报酬和经济补偿，并可支付赔偿金：

（1）以暴力、威胁或者非法限制人身自由的手段强迫劳动的；

（2）未按照劳动合同约定支付劳动报酬或者提供劳动条件的；

（3）克扣或者无故拖欠劳动者工资的；

（4）拒不支付劳动者延长工作时间工资报酬的；

（5）低于当地最低工资标准支付劳动者工资的。

27 劳动争议当事人在诉讼阶段能否申请先予执行？

先予执行，是指人民法院在做出判决之前，为解决原告人生活或生产上的困难或急需，而裁定一方当事人给付另一方当事人一定数额的款项或其他财物的一种临时性措施，以维持其生产、生活的正常进行。申请先予执行必须符合法定条件，即当事人之间权利义务关系明确，不先予执行将严重影响申请人的生活或者生产经营的，同时被申请人有履行能力。对下列案件经当事人的申请，法院可以裁定先予执行：

（1）追索赡养费、抚育费、抚恤金、医疗费用的；

（2）追索劳动报酬的；

（3）因情况紧急需要先予执行的。

劳动争议职工一方当事人或委托代理人在诉讼前认为确有必要的，可以向受诉人民法院申请先予执行，以保证职工当事人的基本生活。人民法院在做出先予执行的裁定之前，可以责令申请人提供担保，申请人不提供担保的，驳回申请。如果当事人败诉，应当赔偿对方当事人因先予执行遭受的财产损失。

28 工会如何代理职工参与劳动争议诉讼?

《劳动法》规定：劳动者申请仲裁或者提起诉讼的，工会应当依法给予支持和帮助；《工会法》也规定：企业侵犯职工劳动权益的，职工向人民法院起诉的，工会应当给予支持和帮助。县级以上各级总工会可以为所属工会和职工提供法律咨询服务。

《工会参与劳动争议处理试行办法》规定：县和县以上各级工会组织可以建立法律咨询服务机构，为保护职工和工会组织的合法权益提供服

务。工会法律服务机构可以接受职工当事人的委托，代理职工参与劳动争议诉讼。工会法律服务机构接受职工当事人的代理申请后，应当指派代理人，指派的代理人应征得委托人同意。工会法律服务机构代理职工参与诉讼，应当由委托人向仲裁委员会或人民法院提交由委托人签名或盖章的授权委托书。

29 怎样举报违反劳动保障法律的行为？

根据劳动保障部门的有关规定，任何组织或个人对违反劳动保障法律的行为，有权向劳动保障行政部门举报。

如果劳动者认为用人单位侵犯了自己的合法权益，可以向劳动保障监察机构举报。任何组织和个人对于违反劳动保障法律、法规、规章的行为都有权检举和控告。举报可以采取口述举报、电话举报、信函举报等形式。凡符合规定的举报，劳动保障行政部门在 7 日内立案受理。不符合规定受理范围的举报，告知举报人向有处理权的机关反映。举报人有权要求告知举报的受理和查处结果。

30 劳动者如何对侵犯其合法权益的行为进行投诉？

根据劳动保障部门的有关规定，劳动者对用人单位违反劳动保障法律、侵犯其合法权益的行为，有权向劳动保障行政部门投诉。对因同一事由引起的集体投诉，投诉人可推荐代表投诉。

投诉应当由投诉人向劳动保障行政部门递交投诉文书。书写投诉文书确有困难的，可以口头投诉，由劳动保障监察机构进行笔录，并由投诉人签字。

投诉文书应当载明下列事项：

（1）投诉人的姓名、性别、年龄、职业、工作单位、住所和联系方式，被投诉用人单位的名称、住所、法定代表人或者主要负责人的姓名、职务；

（2）劳动保障合法权益受到侵害的事实和投诉请求事项。

31 怎样加大维护农民工权益的执法力度？

《国务院关于进一步做好为农民工服务工作的意见》中规定，全面推进劳动保障监察网格化、网络化管理，加强用人单位用工守法诚信管理，完善劳动保障违法行为排查预警、快速处置机制，健全举报投诉制度，依法查处用人单位侵害农民工权益的违法行为。按照“鼓励和解、强化调解、依法仲裁、衔接诉讼”的要求，及时公正处理涉及农民工的劳动争议。畅通农民工劳动争议仲裁“绿色通道”，简化受理立案程序，提高仲裁效率。建立健全涉及农民工的集体劳动争议调处机制。大力加强劳动保障监察机构、劳动人事争议仲裁院和基层劳动争议调解组织建设，完善服务设施，增强维护农民工权益的能力。

各级劳动保障部门要加强劳动保障监察执法工作，充实劳动保障监察人员，加大对用人单位招用农民工签订劳动合同情况的监督检查力度。要公布举报投诉电话，及时处理举报投诉案件。对不按规定与农民工签订劳动合同的用人单位，要依法责令其纠正。

32 怎样对农民工的劳动合同进行监督检查?

《国务院办公厅关于做好农民进城务工就业管理和服务工作的通知》中规定，劳动保障部门要加大对农民工劳动合同的监督检查力度，及时受理劳动合同纠纷。对不与农民工签订劳动合同、采取欺诈和威胁等手段签订合同，以及不履行合同的用人单位，要责令其纠正；对农民工合法利益造成损害的，要责令其进行赔偿；造成严重后果的，要依法严肃处理。

要认真贯彻落实《禁止使用童工规定》。依法保护女工的合法权益。严厉惩处各种污辱农民工人格、侵害农民工人身权利的违法行为。

33 怎样对拖欠农民工工资的行为进行监督检查?

《国务院办公厅关于做好农民进城务工就业管理和服务工作的通知》中规定，用人单位必须以法定货币形式支付农民工工资，不得以任何名目拖欠和克扣。劳动保障部门要加强对用人单位工资支付情况的监督检查，建立农民工工资支付监控制度。对拖欠和克扣农民工工资的用人单位，要责令其及时补发，不能立即补发的，要制订清欠计划，限期补发。对恶意拖欠和克扣工资的企业，涉嫌犯罪的，移交司法机关依法严肃处理。企业在依法破产、清偿债务时，要按照《企业破产法》的规定，把拖欠的农民工工资纳入第一清偿顺序。

各级建设、劳动保障等有关部门要重点做好对建筑施工企业拖欠和克扣农民工工资违法行为的查处工作，严厉打击恶意拖欠、克扣农民工工资的违法行为。因建设单位拖欠施工企业工程款，致使施工企业不能按时发放农民工工资的，要追究建设单位的责任；施工单位拖欠农民工工资的，要追究施工单位的责任。

34 什么是法律援助，什么情况下农民工可以申请法律援助？

法律援助是指由政府设立的法律援助机构组织法律援助的律师，为经济困难或特殊案件的人给予无偿提供法律服务的一项法律保障制度。根据 2003 年施行的《法律援助条例》的规定，申请法律援助应当符合两个最基本的条件：（1）属于可以申请法律援助的法定范围和有合理的理由；（2）因经济困难无力支付法律服务费用。

法律援助的形式有：法律咨询，代拟法律文书；刑事辩护和刑事代理；民事、行政诉讼代理；非诉讼法律事务服务；公证证明；其他形式的法律服务。

35 申请法律援助应提交什么证明材料？

公民申请代理、刑事辩护的法律援助应当提交下列证件、证明材料：

（1）身份证或者其他有效身份证明，代理申请人还应当提交有代理权的证明；

（2）经济困难的证明，困难标准是按本市县以上人民政府确定的最低生活保障标准掌握；

（3）与所申请法律援助事项有关的案件材料。

申请应当以书面形式，填写申请表；以书面形式提出申请确有困难的可口头申请，由法律援助机构工作人员或者代为转交申请的有关机构工作人员做书面记录。

法律援助机构收到法律援助申请后，应当进行审查；认为申请人提交的证件、证明材料不齐全的，可以要求申请人做出必要的补充或者说明，申请人未按要求做出补充或者说明的，视为撤销申请；认为申请人提交的证件、证明材料需要查证的，由法律援助机构向有关机关、单位查证。对符合法律援助条件的，法律援助机构应当及时决定提供法律援助；对不符合法律援助条件的应当书面告知申请人理由。

36 怎样做好对农民工的法律服务和法律援助的工作？

《国务院关于进一步做好为农民工服务工作的意见》中规定，健全基层法律援助和法律服务工作网络，加大法律援助工作力度，使符合条件的农民工及时便捷地获得法律援助。简化法律援助申请受理审查程序，完善异地协作机制，方便农民工异地申请获得法律援助。畅通法律服务热线，加大普法力度，不断提高农民工及用人单位的法制意识和法律素质，引导农民工合法理性维权。

37 法律援助机构怎样为农民工提供服务？

（1）要提高法律援助工作的便民化程度，依托城市社区、乡镇街道司法所，或者通过与当地建设、劳动与社会保障等行政部门联合成立法律援助工作站，保证农民工就近快捷地申请和获得法律援助。

（2）应加强日常管理，严格值班制度，在农民工较集中的地区，可实行双休日值班制度；在有条件的地方设立农民工接待室，指定专人负责农民工申请法律援助的接待工作；建立绿色通道，优先接待群体性案件的农民工和因工致残的农民工。

（3）对农民工申请法律援助的审查，要简化程序，快速办理。

对于符合法律援助条件的，要尽快办理有关手续并指派法律服务人员；对申请事项不属于法律援助范围的，应指引申请人去相关机构处理，不得推诿；对确因情况特殊无法提供身份证明或者经济困难证明的农民工，有事实证明为保障自己的合法权益需要法律援助，情况紧急，不及时处理有可能引发严重事件，或者遇到即将超过仲裁时效或诉讼时效的，或者属于涉及人数众多的群体性案件，法律援助机构可暂不进行经济困难条件审查，及时受理并先行指派法律服务人员提供法律援助，允许受援人事后补交有关证明材料，保证农民工获得及时的法律援助。

38 工会法律援助与政府法律援助的关系如何?

工会法律援助与政府法律援助，都是国家法律援助体系的组成部分，二者既有区别，又有密切联系。《法律援助条例》规定，法律援助是政府的责任，县级以上人民政府应当采取积极措施推动法律援助工作，为法律援助提供财政支持，保障法律援助事业与经济、社会协调发展。同时，《法律援助条例》还规定，国家支持和鼓励社会团体、事业单位利用自身资源为经济困难的公民提供法律援助。这些规定充分体现了政府法律援助履行的是国家责任，工会等社会组织法律援助履行的是社会责任，工会法律援助是政府法律援助的补充。

政府法律援助是政府对社会贫弱公民的一项义务。政府通过制定法律法规，建立机构，拨付经费，履行职责，使法律援助具备稳定性、规范性和保障性。工会是职工自愿结合的群众组织，工会法律援助机构根据法律、工会章程等为所属职工、工会工作者、工会组织提供法律帮助，维护他们的合法权益。工会法律援助主要利用工会自身的力量和资源，体现的是职工代表组织对本团体成员的保护和扶助，工会法律援助不具有国家性。

政府法律援助以社会贫弱和特殊案件的当事人为对象，一般以当地政府最低生活保障线为标准，不符合经济困难标准的一般不在政府法律援助范围之内。工会法律援助以合法权益受到侵犯的困难职工、工会工作者和工会组织为服务对象，以协调劳动关系、处理劳动争议为主要内容，通过法律援助手段维护困难职工、工会工作者和基层工会组织的合法权益。经济确有困难、打不起官司的职工、农民工是工会法律援助的重点。工会提供法律援助的困难标准一般参考政府最低生活保障线后自行确定，标准门槛往往低于政府法律援助。

政府法律援助机构对具备法律援助条件、曾获得工会法律帮助的职工当事人，应当提供法律援助，不能因此而拒绝，因为提供法律援助是政府职责。对符合工会法律援助条件、已获得过政府法律援助的职工当事人，工会应与政府法律援助机构取得联系，了解相关情况后再决定对其的法律帮助。工会法律援助对政府法律援助是一种有益的互补，政府对工会法律援助有支持、帮助的职责。如在资金、业务、政策和工作开展上提供必要条件，保证工会法律援助工作正常开展。

39 工会法律援助的范围有哪些?

（1）劳动争议案件；（2）因劳动权益涉及的职工人身权、民主权、财产权受到侵害的案件；（3）工会工作者因履行职责合法权益受到侵犯的案件；（4）工会组织合法权益受到侵犯的案件；（5）工会认为需要提供法律援助的其他事项。

40 怎样提高农民工依法维权的能力?

（1）提高自身素质，学法懂法用法。国家的立法本意是要化解劳资矛盾，构建和发展和谐稳定的劳动关系。但企业与员工力量对比悬殊，本来就不平等。面对《劳动合同法》和强势企业的种种招式，广大职工必须认真学习文化知识及相关法律，做到学法懂法、知法用法，增强法治观念，弘扬法治精神，懂得运用法律武器保护自身权益，不断提高自身素质，一旦发生争议纠纷，要及时请工会维权或者聘请律师代理，寻求法律援助。

（2）依法签订合同，维护合法权益。入职前，先签约。能签订书面合同的，就不搞口头约定；能签订劳动合同的，就不签订聘用合同或者劳务合同。签约时，劳动者对工作内容、地点、条件和劳动报酬等拥有知情权。

（3）加入工会组织，依靠工会维权。工会是“职工之家”，加入工会，就如回到温暖的家，一旦自己合法权益受到侵犯，就可找工会组织维权。维护劳动者权益是工会的神圣职责。

（4）注意收集证据，依法追讨工资。被老板拖欠工资，应当通过正当途径解决，不能采取过激行为或者暴力手段，否则会走上违法犯罪道路，钱没有讨到手，自己先锒铛入狱。平时要注意收集相关证据，如合同书、花名册、电话簿、工资单、工资卡、出勤卡、工作牌号或者工作量单子，必要时请同事出来做证，证明劳动者与用人单位确实存在劳动关系。

附录

海南省职工服务中心
法律援助办理流程

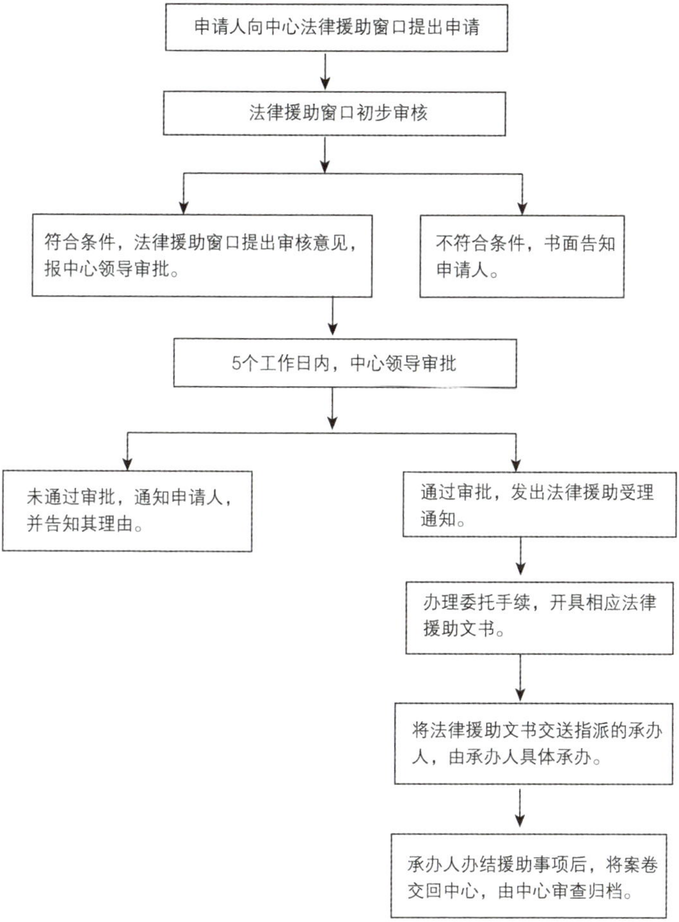

海南省职工服务中心
困难救助办理流程

职工向所在单位工会提出书面申请，并提供相关纸质材料（一式两份）

↓

职工所在单位工会入户调查核实、公示，进入《工会帮扶工作管理系统》录入电子档案并上报，纸质材料留存一份，上报一份

↓

上级工会复核、公示，上报电子档案，提交纸质材料

↓

职工服务中心核准、公示、审批，发放帮扶资金

↓

录入帮扶救助信息，留存纸质材料

海南省职工服务中心
信访办理流程

登记。详细记录信访职工的姓名、工作单位、住址和请求、事实、理由

↓

告知。15日内决定是否受理并口头或书面告知信访职工

↓

受理。1. 能够直接处理答复的，可直接答复
2. 交办
3. 转送

↓

办理。依照有关法律、法规、规章及其他有关规定，做出处理，并答复信访职工

↓

复查。信访人对信访事项处理意见不服的，可以自收到书面答复之日起30日内向上级工会申请复查

↓

记录归档

海南省职工服务中心
医疗互助办理流程

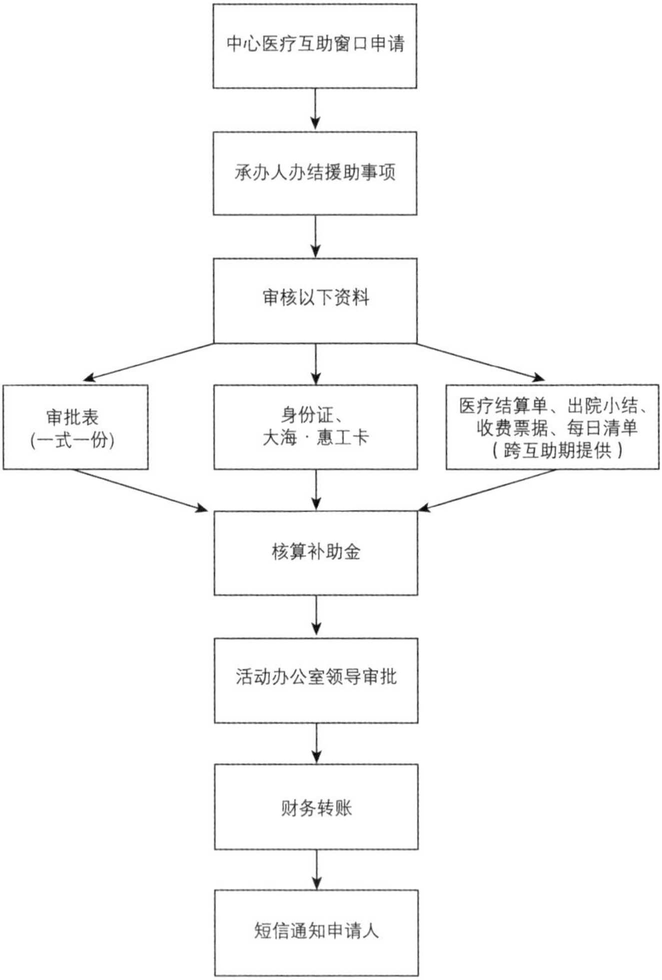

海南省各地区劳动保障监察机构

单位	投诉电话
海口市劳动保障监察支队	0898-66784629
海口市龙华区劳动监察大队	0898-68530871
海口市美兰区劳动监察大队	0898-65374425
海口市秀英区劳动监察大队	0898-68648727
海口市琼山区劳动监察大队	0898-65876939
海口市保税区劳动监察大队	0898-66819989
海口市高新区劳动监察大队	0898-65483637
海口市桂林洋劳动监察大队	0898-65717796
三亚市劳动保障监察支队	0898-88275979
文昌市劳动保障监察大队	0898-63211963
琼海市劳动保障监察大队	0898-62930921
儋州市劳动保障监察大队	0898-23320779
万宁市劳动保障监察大队	0898-62231081
五指山市劳动保障监察大队	0898-31879185
东方市劳动保障监察大队	0898-25503933
定安县劳动保障监察大队	0898-63827235
屯昌县劳动保障监察大队	0898-67813380
澄迈县劳动保障监察大队	0898-67615088
临高县劳动保障监察大队	0898-28273820
昌江县劳动保障监察大队	0898-26698361
乐东县劳动保障监察大队	0898-85596230
陵水县劳动保障监察大队	0898-83318965
白沙县劳动保障监察大队	0898-27725656
报亭县劳动保障监察大队	0898-83666063
琼中县劳动保障监察大队	0898-86238328
洋浦管理局劳动保障监察大队	0898-28822633

海南省各地区劳动人事争议仲裁机构

海南省劳动人事争议仲裁委员会	0898-65301785
海口市人事劳动仲裁院	0898-66775828
海口市龙华区劳动人事争议仲裁院	0898-66568110
海口市美兰区劳动人事争议仲裁院	0898-65301986
海口市秀英区劳动人事争议仲裁院	0898-68658663
海口市琼山区劳动人事争议仲裁院	0898-65852550
三亚市劳动人事争议仲裁院	0898-88868025
五指山市劳动人事争议仲裁委员会	0898-31879183
琼海市劳动人事争议仲裁委员会	0898-62930563
儋州市劳动人事争议仲裁院	0898-23311212
文昌市劳动人事争议仲裁院	0898-63330171
万宁市劳动人事争议仲裁委员会	0898-62236511
定安县劳动人事争议仲裁委员会	0898-63831860
白沙黎族自治县劳动人事争议仲裁委员会	0898-27715652
乐东黎族自治县劳动人事争议仲裁委员会	0898-85523454
陵水黎族自治县劳动人事争议仲裁委员会	0898-83325026
琼中黎族苗族自治县劳动人事争议仲裁委员会	0898-83669227
保亭黎族苗族自治县劳动人事争议仲裁委员会	0898-83661056
昌江黎族自治县劳动人事争议仲裁委员会	0898-26698360
临高县劳动人事争议仲裁委员会	0898-28277359
东方市劳动人事争议仲裁委员会	0898-25522015
屯昌县劳动人事争议仲裁委员会	0898-67812708
文昌市劳动人事争议仲裁委员会	0898-63330171
洋浦经济开发区劳动人事争议仲裁委员会	0898-28822633
澄迈县劳动人事争议仲裁委员会	0898-67615088